雙正宗算命姓名學

王博仕命理通研究所

4 12 5 8 12 14 11 7 8

奪得先機／木：天地開端，萬物形成，奪得先機。豐收、富貴、長壽、成功、榮華、名譽集一身，常享福報大吉大利，首領數、豐財樹。

81−80=1

【王博仕、王艦 著】

山醫命相卜
知命多得福
卜相命醫山
立命更平安

王傳仕題

相隨心生
運隨氣轉
靈氣多聚
富貴可期

王傳仕題

開始立命知命讚
運通四海又運轉
真正感應心不貪
好事多做福高攀

王博仕題

古

命中時有終需有

命中無時莫强求

今

命中時有且把握

命中無時開運奪

王傳仕 題

作者序

我研究姓名學約三十七年，並在中華日報寫了二年多的姓名學，特別加予算命論命，承蒙大家的厚愛，也出版了一本『姓名命盤顯運術開運書』。開宗明義便提到：山醫命相卜，知命多得福，卜相命醫山，立命更平安。所言是指，人能知命，便能趨吉避凶，該衝就衝，該休息就好好的養精蓄銳，蓄勢而發。

山（巒）是指風水、地理，醫是醫術。命是指八字、紫微斗數、姓名學。相指面相、手相。卜是指卜卦、占卦。都有它獨到引人入勝的地方。可惜都無法突破孿生兄弟姊妹不同命運的盲點，因此本人一再的提出，『綜合命斷』的論命。即是二種論命術以上的論命法，真的是有需要。

有靈有驗更有實例驗證，便是最佳五術之一。而，算命姓名學，剛好可突破孿生兄弟姊妹不同的命運（因為姓名不一樣，命運當然不相同）之盲點。因此在此情況下所出版的『雙正宗算命姓名學』足見珍貴、令人珍惜。人人看得懂，人人可幫自己算命，人人一本留傳，人人均能幫子子孫孫取名、算命、改名，能得本書，不僅你(妳)有福報，妳的子子孫孫更因你而續接福報。阿彌陀佛！

姓名學由日本熊崎氏所發明，翻譯成中文至今已五十幾年，如今由台灣台南的王博仕作者本人發明了算命姓名學。開啟了姓名學的革命。歡迎仁君指正。算命姓名學突破了五千多年來，孿生兄弟姊妹不同的命運終於解開，且能取代八字、紫微斗數少了時柱或日柱，便不能算出命運的窘境。

◎本書在著作期間，承蒙 阿彌陀與 南無大慈大悲觀世音菩薩及三三天宮之第十八天宮 金天王之賜予靈感及加持，感恩不盡。願佛、菩薩及天王更加慈悲，更加普渡眾生。弟子合十，祝福萬壽無疆聖聖壽。

(一零三年・十月・三日 弟子王博仕合十敬上)

目錄

第一篇

命盤加命運盤首認識

一、命盤（即五格）、命運盤（即五格加五運）首認識

先有五格；即大運五數，加上了解五行之生、扶、剋、洩（見本書二）與知道先天五行、後天大運、流年行運（見本書三）……等，便能算準命運的吉凶、禍福。

以：前總統陳水扁為例，一一將算命組合之命運盤排列，如左：

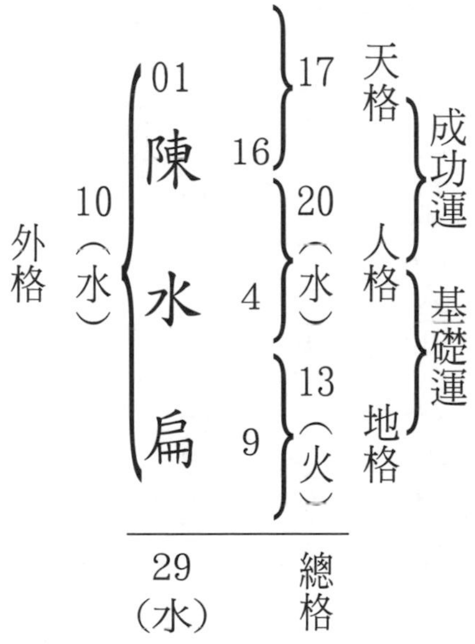

天格：主1～12與61～72歲、年的大運（即行運）代表雙親、長上、丈夫、名譽等。

地格：主13～24與73～84歲、年的大運，代表家庭運（包括子女、妻妾）、基礎、意志穩固、下屬等。

人格：主25～36與85～96歲、年的大運，代表我、個性、想法、爆發力與對上、下屬的吉凶、幫助或衝突。

外格：主37～48與97～108歲、年的大運，代表本身外緣，社交處事圓熟度以及家庭周遭環境好壞等。

總格：主49～60與109～120歲、年的大運，代表退休（約65歲）後，生活品質好壞加分、減分的關鍵期。

（以上五格稱大運五數，又稱命盤）

大　運：以上五格，包函數理與五行，即後天行運，統稱大運。大運承受了天運五行與流年五行的生扶剋洩，在吉、凶數理的象意下，產生了人人各種不同的吉凶、禍福之命運，算是算命的開端（或稱第一步）。

（而五格是環環相扣，各有靈動象意，不能以單一格來算命運總分）。

天　運：是天運五行受流年五行之生扶剋洩，產生了元神的吉凶、禍福稱之。生於何年（依立春後為準），那年（當年）的干支五行即是你的天運五行，如生於102癸巳年，天運五行是水，如生於103甲午年，天運五行是金（均參閱三之2與八，干支五行速得表）。

流年運：即每一年、每一年均不相同的干支五行，對大運所產生的運勢和對天運生扶剋洩之元神吉凶簡稱之。

◎像陳水扁生於39年10月，天運庚寅五行木，今年甲午年金扶大運天格之金（66歲），出獄有望，但金升金的同時，金也升了外格的10數乏力暗淡數與人格的20之破裂障礙數。故不能順利於103年12月31日在眾人期盼下出獄保外就醫，而拖延至104年1月5日才出獄，呼吸了新鮮空氣。另見範例三之3中華民國國運。

成功運：即天格對人格配置的好壞，產生的靈動吉凶，會加分或拖累於大運。

（生、扶、剋、洩均見本書二，五行生、扶、剋、洩篇）

①天格生人格：受父母、長輩、上司之照顧、夫幫妻，成功順

利。

②人格生天格：順從父母、長輩、上司，能向上發展。

③天格剋人格：父母等長上對我們期許較高，有時常會叨叨不休。命運被壓抑，成功易受阻。

④人格剋天格：判逆心重，對長上等不從，上伸困難。夫妻難甜蜜。

⑤天格、人格互扶，平安順達，互相照顧。

基礎運：即人格對地格配置的好壞，產生的靈動吉凶，會加分或拖累於大運。（生、扶、剋、洩亦見本書二，五行生扶剋洩篇）

①人格生地格：會照顧子、女、妻或部下屬，感情和睦，基礎穩固，安泰。

②地格生人格：得妻幫助，子女孝順，有部下屬及外力的幫助。

③人格剋地格：家庭緣薄與部下屬不和，時起爭端，得防意外發生，木剋土無妨。

④地格剋人格：子、女不孝且叛逆心強，或部下屬不同心且背叛有之，防小人，亦是。夫妻易摩擦。

⑤人格地格互扶：木運（木—木）有外力助，火運（火—火）一時盛運，土運（土—土）大體平順，金運（金—金）過剛有害，水運（水—水）吉後防凶。

成功運靈動之吉凶（非人人一樣，供參考）

天格	人格	成功運的誘導暗示力
一二木	一二木	外柔內剛，同性相輔，成功順調，境遇平安，目的可達。（大吉）
三四火	一二木	好勝心強，不能吃小虧，向上發展，達成目的，成功發達。（大吉）
五六土	一二木	努力做事，外見吉祥，其實困難成功運遲，家族緣薄，容易患胃腸病。（凶）
七八金	一二木	多疑敏感，做事缺乏技巧，命運被壓難伸，易患神經衰弱，呼吸器病或腦病。（凶）
九十水	一二木	先苦後甘，有長上之助，毫無支障，向上進步，順調成功。（吉）
一二木	三四火	有長上之助，順調成功，逐漸發達，但有色難之慮。注意其缺點，可步青雲之路。（吉）
三四火	三四火	同事相助，毫無支障，順調成功，但地格土時，先吉後凶，的暗示。（吉）
五六土	三四火	希望達到，功成名揚，女子易被異性接近，注意背後之敵。（吉）
七八金	三四火	自大自誇，上伸困難，到某一頂點，後逐漸下降，身心過勞，易患神經衰弱，甚至有發狂變死者。（凶）
九十水	三四火	無可能成功，有急變，恐有心臟痲痺，腦溢血或自殺等可能。（凶）

一木二	五土六	好發牢騷，為人富有德量，縱有小過之兆，但不致成禍厄，有胃腸疾患。（凶）
三火四	五土六	有長上之惠助，父祖之福蔭，平安順調，境遇堅固，可得長壽。（大吉）
五土六	五土五	為人誠實，性格稍鈍，易親易離，成功雖遲，大體幸福無憂。（吉）
七金八	五土六	成功順調，目的達成，平安幸福，向上發展，更有餘慶，家門隆昌。（大吉）
九水十	五土六	缺乏服從心，不聽勸告，虛榮，好掩之過失，成功困難，障礙重重，但能克難成功者有之。（半吉）
一木二	七金八	表情少變化，沈默，困難，身心過勞，易發牢騷，易生不遇不平事端。（凶）
三火四	七金八	成功運被抑壓，好發牢騷，境遇不佳，恐有發狂自殺之凶兆。（凶）
五土六	七金八	善於奉承蒙長上恩澤厚，心身健和，努力成功發展，時有獻眉，但快理解。（大吉）

七金八	七金八	過剛，偏俠，有不和不測之災，夫妻爭執，遭難，病厄，金運不佳。但地格土之時反之吉配。（凶）
九水十	七金八	萬事如意，目的可達成功，發展頗快，女子恐有再婚之兆。（大吉）
一木二	九水十	一面成功順調，一面家庭運薄，半幸半禍，災禍多，但都能平安無事。（半吉）
三火四	九水十	缺乏服從心，易招惡抨擊，亂離困窮，急禍，病難等之不利。（凶）
五土六	九水十	徒勞無功，反受嘲笑，有急變大災，有才能沒被發掘，怨天尤人。（凶）
七金八	九水十	有仁道，有意外之助，亦有父祖之蔭，但家庭不安，或有病弱之慮。（半吉）
九水十	九水十	過信自己，事業超過自己能力，素行不修，終歸失敗，荒亡流散，地格木時為吉，可成巨富。（凶）

基礎運靈動之吉凶（非人人一樣，供參考）

人格	地格	基礎運的誘導暗示力
二木一	二木一	基礎安泰，有助力者，外柔內剛，做事肯努力，有子女多緣。（大吉）
二木一	四火三	無事平安，基礎安泰，但天格屬水時，因天地相尅而反之凶兆。（吉）
二木一	六土五	一生少變動，基礎安定，如坐有磐石上，諸事順利，成功可能。（大吉）
二木一	八金七	境遇多變，常受迫害，部屬不良，子女難孝，如座針氈之上，易患肺病。（凶）
二木一	十水九	做事努力，只有一時成功，不知何時定有流亡，病弱之慮。（凶）
四火三	二木一	待人態度良好，境遇堅固，受下屬之助，地位財產安全，女子柔和，富有吸引力。（大吉）
四火三	四火三	一時盛運，但根底薄弱，缺乏耐久力，又有孤軍奮鬥之嫌，如果天格屬木，可稱大吉。（半吉）
四火三	六土五	基礎堅實，心身安泰，但天格屬火時，終成短命或悲運，因分化作用所致。（吉）
四火三	八金七	外表安穩，其實不然，家庭或部下之間多爭執，兼之為人風流，易患精神過勞呼吸器病。（凶）
四火三	十水九	絕對不安定，有意外的災禍，恐有生命或財產的損失，被部屬破害。（凶）
六土五	二木一	境遇不安，幾度變化，移動住居，女子地位或身分容易大變化，宜注意胃腸疾患。（凶）
六土五	四火三	安定，能逃災害，常有意外收獲，先苦後樂，女子富有吸引力。（吉）

六土五	六土五	平順幸福，如天格土時，為人不活潑而庸劣，女子缺乏貞操觀念。（吉）
六土五	八金七	稍有消極之嫌，但都能安定發展，做事仔細，有信用，中年後男女關係有危機之兆。（吉）
六土五	十水九	絕對不安定，災禍續來，急變轉落，有消化器病，或腦溢血等病，甚至有變死者。（凶）
八金七	二木一	敏感，多疑，小氣，外見安定，內實不然，易患神經衰弱，肺病，或其他難治疾病。（凶）
八金七	四火三	境遇不安定，為人不自量，有身份不相應的言動，甚至自暴自棄，晚景更凶，易患呼吸及腦病。（凶）
八金七	六土五	境遇安定，心身健全，可奏大功，天格屬水時更佳。有部屬之協助。（大吉）
八金七	八金七	才能智略優於他人，但為人孤傲，背世而行，易遭批難，陷于孤獨不和或災禍，天格金病厄更甚（凶）天格土之時反之吉配。

八金七	十水九	為不足事而苦惱，含有急變沒落之兆，一生難得平安。（凶）
十水九	二木一	境遇安全，成功可望，但容易挫折，並有肺病及腎病之慮。（半吉）
十水九	四火三	敏感，神經質，急變急禍多，容易患心臟病，如果數理皆陰，可不致命。（凶）
十水九	六土五	不自量，自大誇口，一生變轉，不得安息，表面安定，內實不安，多含急變之兆。（凶）
十水九	八金七	基礎堅固，可望財名，但因言行缺乏調和性，常生不平不滿，或有病災。（凶）
十水九	十水九	有一時成功，或能獲大勢力，但終成病災孤獨的命運，如天格屬木，可成巨富者。（半吉）

第二篇

算命必先了解

五行之生扶剋洩

二、算命必先了解五行之生扶剋洩

◎五行：即金、木、水、火、土。

相生：（簡稱生也）金生水，水生木，木生火，火生土，土生金。代表事事如意，鴻運高照，掌順風旗，笑足顏開。

相剋：（簡稱剋也）金剋木，木剋土，土剋水，水剋火，火剋金。代表運不如意，投資失血，容易誤判，元氣受損。

相扶：（簡稱扶也）金扶金，木扶木，水扶水，火扶火，土扶土。代表有所進展，喜事有得，扶持一把，相互輝映。

被洩：（元神受損，像小孩被母親洩出，生出一樣）。金生水，是水受益，金則是被（水）洩；木生火，火受益，木則是被（火）洩；水生木，木是欣欣向榮，水則是被（木）洩；火生土（有火才能燒土成瓷器），土是受益火被洩；土生金（礦石煉成金器），金是（成品）受益，土則是被洩。簡單說，受益者即是被生，生出、生予者叫做被洩（被予被生者所洩而稱被洩）代表運勢微展（停損），等待機會，養精蓄銳，火沒白炊。

反剋：金剋木，而木反剋金（意即小刀砍不斷大木）；木剋土則土反剋木（意即土硬不易種草木）；而土剋水，水反剋土（像六輕，一片汪洋需土量加更多才能填平）。水剋火，則火反剋水（像美國野外叢林一燒3、5天，水幾乎無作用?!）而火剋金自是金反剋火（意思小火熔小金，熔不了大金礦，故大金礦不怕小小打火機之意）代表突破萬難，衝破難關，水到渠成，力挽狂瀾（有成）。

二之一、流年、大運、天運之三角關係

（天運對大運之生、扶、剋、洩稱大運氣勢，流年對大運之生、扶、剋、洩稱大運運勢，流年對天運之生、扶、剋、洩稱元神吉凶）

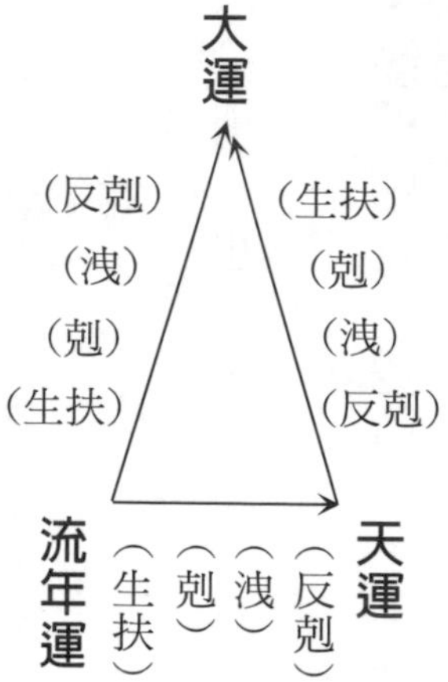

（生扶）流年生扶大運：大運運勢吉祥如意，流年生（扶）天運：元神吉喜相伴喜事臨門（喜事降臨）。天運生、扶大運：大運氣勢強而有利：3互生、扶：人逢喜事精神爽，大運吉祥添2莊。（吉到何程度，完全視大運數之象意，其它剋、洩，反剋亦如此）

（剋）流年剋大運：運勢受傷，不吉帶凶。流年剋天運：元神傷重，防有病至。天運剋大運：大運受傷，氣勢走低。

（被洩）流年洩大運，運勢停損（等待機會）。流年洩天運：元神受損。天運洩大運：氣勢受損。

（反剋）流年反剋大運：衝破難關。流年反剋天運：元神不安，天運反剋大運：突破萬難。

第三篇

知道天運五行與流年五行和後天行運，即能算命

三、知道天運五行與流年五行和後天行運，即能算命

◎天運五行，即先天五行。後天五行，即姓名命盤之五行（包涵天格、人格、地格、外格、總格之五行和不同的數理，總稱後天行運亦即大運）。流年五行，即每一年（農民曆或萬年曆內均有）不同的五行。

◎有了天運五行，流年五行，對準天格、人格、地格、外格、總格等5格之吉、凶數理之五行，施予生、扶、剋、洩，即能算出命來（再加上流月、流日更精細來算，算出的命自是更準確）。

三之①：天運五行（先天五行），是由每年「立春」不同的60甲子干支取得，也就是取其60甲子納音法，便得知天運五行是屬金或木或水或火或土之出生年的五行。而流年五行亦是如此取法。

三之②：速易得干支之五行表見左：

		86	85	84	83	82	81	80	79	78	77	76	75	74	73
己卯	戊寅	丁丑	丙子	乙亥	甲戌	癸酉	壬申	辛未	庚午	己巳	戊辰	丁卯	丙寅	乙丑	甲子
		26	25	24	23	22	21	20	19	18	17	16	15	14	13
土		水		火		金		土		木		火		金	
118	117	116	115	114	113	112	111	110	109	108	107	106	105	104	103
己酉	戊申	丁未	丙午	乙巳	甲辰	癸卯	壬寅	辛丑	庚子	己亥	戊戌	丁酉	丙申	乙未	甲午
		56	55	54	53	52	51	50	49	48	47	46	45	44	43

42	41	40	39	38	37	96	95	94	93	92	91	90	89	88	87
癸巳	壬辰	辛卯	庚寅	己丑	戊子	丁亥	丙戌	乙酉	甲申	癸未	壬午	辛巳	庚辰	己卯	戊寅
102	101	100	99	98	97	36	35	34	33	32	31	30	29	28	27
水		木		火		土		水		木		金		土	
12	11	10	09	08	07	06	05	04	03	02	01				
癸亥	壬戌	辛酉	庚申	己未	戊午	丁巳	丙辰	乙卯	甲寅	癸丑	壬子	辛亥	庚戌	己酉	戊申
72	71	70	69	68	67	66	65	64	63	62	61	60	59	58	57

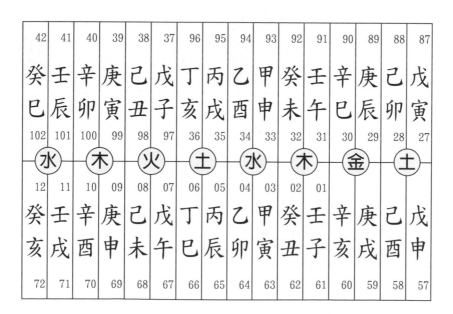

三之③：（範例）103年中華民國國運之算法

97～108、37～48	外格 15	中	4	18	天格	1～12、61～72
		華	14	19	人格	25～36、85～96
		民	5	16	地格	13～24、73～84
		國	11			

34總格
49～60
109～120

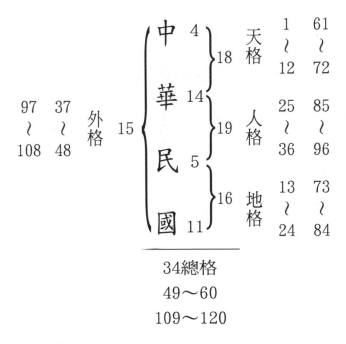

實例驗證

中華民國國運請先參考本書第三五九頁之實例驗證。在此分析民國103年之國運。

◎首先需知道：天格主1到12歲（年）之運程，地格主13～24歲（年）之運程，人格主25～36，外格主37～48，總格主49～60歲的運程。然後一格再加60。103年之國運剛好輪到外格15數（屬陽土）之象意：溫恭豐財。耐何陽土（○為陽●為陰）受不了天運五行（即先天五行）即民國元年建國的壬子年之陽木五行來剋制，15數好象意轉凶，所謂運不如意（查相剋篇），加上今年是甲午年，子午相沖，歹運更甚。除了高雄的地裏瓦斯氣爆案，死傷人數慘外，高雄人好像活在不知何時？再受氣爆傷害的不定時炸彈陰影下，自是難心安。

今年甲午年，上半年甲代表政府單位，下半年午代表民間團體，甲木生午火，即是火洩漏木，果然在8月下旬，民間企業的餿水油案，像雪球般的燒出了國際對於台灣政府的負面評價，「中華民國」元氣受損，亦吻合了甲午年，五行屬陽金，剋制了壬子年建國的陽木五行。你說，這是巧合？或者暝暝中命理命運的呈現？……

15數是溫恭豐財圓滿象（意），觀光人數續增，韓國旅遊台灣與百貨進駐台灣，為台灣帶來經濟效益，但大運（即後天行運）被天運（五行）所剋，加上流年運（甲午年之陽金）洩漏大運（15數屬陽土），整體國運，贏少失多。

第四篇

數的象意，爲算命姓名學的靈魂

四、數的象意，爲算命姓名學的靈魂

◎數有吉數，代表運勢吉利；數有凶數，代表運勢不利。但吉利期間，受不了天運五行和流年五行的剋、洩，自是命運也會出現程咬金，陰溝裏翻船。當然，吉運期間，又有天運和流年行運的生、扶幫助，吉運更是錦上添花。若天運好，流年運不好，吉運扣分；若大運不好（即天運剋大運），流年運好，小心行事。若天運洩漏後天行運，而流年運好（即流年運生、扶後天行運），亦會有好的局面出現。但多好？完全視數的象意為準確。

◎數為平和，只要大運行運期間，不受天運和流年運挾攻（即剋、洩），運勢走平穩。但若是天運和流年運均幫助（即生、扶），平穩運也會走好運。

◎數為凶數，代表大運行運期間，運勢不利，行事小心。但若凶數是天運（五行）的生、扶數，凶意會減低到最小程度，祇要流年行運不要來剋、洩，則大運行運期間，仍是會有一番作為（只要其他數理不再有凶數理來拖累）。

四之一：吉數理：1、3、5、6、7、8、11、13、15、16、17、18、21、23、24、25、31、32、33、35、37、39、41、47、48、52、57、61、63、65、67、68、81

凶數理：2、4、9、10、12、14、19、20、22、26、28、30、34、40、42、43、44、46、50、51、53、54、55、56、58、59、60、62、64、66、69、70、72、74、75、76、77、78、79

四之二：豐財運數：1、15、16、24、29、32、33、41、52、67、81

蔭家運數：3、5、6、11、13、15、16、24、31、32

首領運數：1、3、13、16、21、23、31、32、33、39（女生有21數，而天運五行是水、木，則解讀為女強人型、忙碌型，又女生有23、33，而天運五行是木、火，也是同樣解讀。若女生有39數，而天運五行是金、水，生、扶下亦同樣解讀。若21數之天運五行是火、土、金，23、33數之天運五行是土、金、水，39數之天運五行是、火、土，則此女生便有凌夫、剋夫之靈動）。

藝能才華數：13、14、26、29、33、36、38
（一技在身數）（李安13數、劉家昌33數）
女德運數：5、6、15、16、35
溫和運數：5、6、11、15、16、24、31、32、35
孤獨運數：4、10、12、14、22、28、34
（白冰冰地格12失白曉燕）
柔弱運數：12、14、22
美貌運數：4、12、14、24、31、37、41
愛嬌數理：15、19、24、25、26、28、32、42
病弱數理：2、4、9、10、12、14、19、20、22、34、36、46
敗家數理：2、4、10、12、14、19、20、22、26、36
易喪偶數：9、10、17、19、20、（21、23、33、39視天運五行）
26、27、28、30、34、42、43
晚婚數理：9、10、12、17、22、28、34、35、38、43
敗家數理：2、4、9、10、12、14、19、20、22、26、36（9、
10、19、20有意外財，可惜帶破）

刀難運數：3、4、6、8、9、10、12、14、17、18、19、20、28（天運五行屬陽火，大運17、18得小心刀傷、流血，包括開刀）

遭難數理：10、19、20、27、28、34、39、44（易受誹謗、刑罰，或生離死別之災厄）（前總統陳水扁外格10數，人格20數，犯刑罰被關了好幾年。）

破壞數理：20、28、36、40、50

短命意外數：4、9、10、20、34、44（取名、改名不要取此數理）

自殺運數：20、22、27（香港影歌星張國榮人格22數，自殺身亡，取名改名最好不要碰到22數，即使是天運五行水、木之喜數，也是生扶數，但遇流年，金之五行，也會有突發意外不利事件發生）

剛情運數：7、8、17、18、27、28、37、47（7、8、17、18、27數易走上政治路）

女強人數：㉑、23、㉝、39

（但各先決條件是天運五行是㊌、㊍，木、火，㊍、㊋；金、水、木，否則易陷入剋夫、淩夫數，所謂寡婦數。香港影星李麗華地格為33數，造成其夫倪敏然的自殺，惜哉！）

四之三：八十一數之靈動

混元禪師常在電視頻道上說：「有形必有靈，有靈必有應，有應必有吉凶禍福的示現。」

有形是肉眼看得到，自是有靈動感應。像火燒人人害怕，像溜滑梯，小孩溜到非常高興，大人也笑足顏開。

滑梯有各種不同的「形」狀，可以溜，便是滑梯有「靈」動，溜時爽快、驚奇的反「應」（愈多彎道愈驚奇），結果「非常高興」，便是「吉」凶禍「福」的示現。

大凡宇宙間，看的到的有形，與看不到的無形，均有它的靈動。像空氣看不見，人沒有空氣活不了。肚子餓了也看不見，硬是得吃東西補足體力。又剛從麥當勞店吃東西帶東西回到家，肉眼已看不到麥當勞店，但是又有人進來成為座上客，此時的麥當勞店已化有形為無形（因為肉眼已看不到了）；而化無形為有形的，很簡單，再走剛剛回家的路去，又看到了「有形」的麥當勞店，且人更多。相同的，人在台南，看不見嘉義有很多人正在吃火雞肉飯；人在地鐵上面，看不見下面的地鐵正開著、運行著，……等等均是肉眼看不到的靈動（是「無形」的）。

再舉一例，筆者數年前主持電台節目時曾說過：美國某地有位國小女生，有一天回家時，竟然忘了已走了二、三年回家的路，却不知怎麼走。事後查到，原來她家就住在電力轉接的鐵塔旁。電塔看似沒什麼，可是「無形」的電力，24小時分分秒秒的把電磁波送到她家，住在裏面，腦力、腦波便被干擾到忘了回家的路怎麼走？（然怪，報紙上常看到某某地區居民攻擊電塔快快遷走，他們村裏的人致癌的很多）。

既然「有形」與「無形」都有它的靈動，那麼看不見的81數之吉凶數理都有它的靈動，便沒什麼可以大驚小怪，也就不足為奇了。

四之四：81數之靈動象意（禁轉載）

◎（前言）因每個人天運五行不同，金（7、8數）、木（1、2數）、水（9、10數）、火（3、4數）、土（5、6數）之大運凶數理與凶象，有的與你無緣，不必懼怕，但有的吉數理，卻又不適合你。完全視每個人生年不同的天運五行（見本書三之①、三之②）之生，扶、剋、洩（見本書二，生、扶、剋、洩篇）來定之，來取之，來取名、改名之。

◎本書從1～81數（即大運數），每一數理均附天運五行生、扶、剋、洩之喜，忌與吉、凶。是幫你取好名與算命時的最佳幫手。多讀多看常看多想，或許某一天你是姓名學界的高手或最佳高手，筆者會欣然拍手祝福之。（103.9.30）

◎∨代表吉數　∨∨代表吉之豐財數，吉之首領數。∨°代表政治人物數。

△代表中吉數

×代表不吉之凶數

○代表陽

●代表陰

∨一（奪得先機）〇木

天地開端：萬物形成，奪得先機。豐收、富貴、長壽、成功、榮華、名譽集一身，常享福報大吉大利，首領數、豐財數。

◎天運五行屬水生木，屬木扶木。（吉）

◎天運五行屬火洩木，屬土反尅木。（中吉）

◎天運五行屬金剋木（不吉），易判斷錯誤、投資失血，避之為宜。

25 { 01、27、30、24 }

01 + 27 → 28

27 + 30 → 57 ∨

30 + 24 → 54 ×

---

(81) －80＝1 ∨∨∨∨

（81數等於1數，一般是公司、店、行號數）

王 4
博 12
仕 5
命 8
理 12
㊣通 14
研 11
究 7
所 8

⑧ -80=1 ✓✓✓✓

（首領豐財之靈丹數）

$$25\begin{cases}01\\26\\31\\24\end{cases}\quad \begin{matrix}01+26=27\\26+31=57\ ✓\\31+24=55\ ×\end{matrix}$$

⑧ =1 ✓✓✓✓

（1數是奪得先機數）

×二二（混沌破敗）●陰木

混沌三才未分之象，缺決斷力與氣魄。如萍之飄動未定。多遭苦難、病弱、變動之凶惡數。

◎天運五行屬水、屬木之生、扶喜數，惜數理為凶，能減凶意至最低。

（中凶）

◎天運五行屬火洩漏木，屬土反剋木，最好有豐財數，首領數拱其旁。

◎天運五行為金，凶意最大，取名、改名避之為吉。

×②
01
王 4 } 5
○ 10 } 14 ×
01 } 11 ∨

14 ×

（丈夫早死）

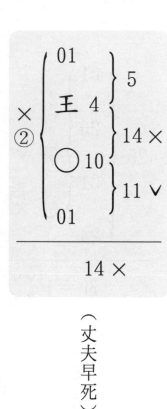

②
01
林 8
海 11
01

9
19 ×
12 ×

19

（作曲人・作詞人）

× ②
01
三 3
毛 4
01

4
7
5
（4、7）×

7

（名作家自殺身亡）

三（名利雙收）○火

首領、蔭家、名揚四海、如意進取數。陰陽抱合，萬物成形確定之象，名、利之表徵。有天賦之富貴，併得揚高名，且有子孫之福，智慧敏達，心寬體胖。足有領導能力，能創偉大事業，前途無限之大吉祥數。（吉）

◎天運五行木生火，火扶火。（大吉）

◎天運五行土洩漏火，金反剋火。（中吉）

◎天運五行水剋火，不吉反凶。（不取）

		01	
	于	3	4
③	美	9	12
	人	2	11
		14 ×	

（三立電視歌唱名主持人）

郭 15
媽 13
媽 13
㉚淳 12
牛 4
肉 6
麵 20

㊳ −80＝3 ∨∨

（作者所取，生意好極了）

②
01 } 9
林 } 10
二 } ③ ∨∨
01

10

（電腦音樂家「相思海」作曲）

×四（病弱凶變）●火

凶變之相，自滅之兆，身體病弱，夭折，變死，發狂，放浪，破滅之最大凶兆，或遭遇大困難大辛苦。招致災禍，遂成不完整之人。其中有孝子節婦、怪傑等，出自此數者有之。

◎天運五行屬木屬火，木生火，火扶火，可減低凶意，取名、改名還是避之為吉。

◎天運五行屬土屬金，是土洩漏火，金是反剋火（不安），遇流年走水運，凶象避之不及。取名、改名仍是避之為吉。

◎天運五行屬水，水剋火，若再遇流年是五行水，走水運，大凶象呈現，後悔已來不及。（大凶）

×④

01
　　}8
李 7
　　}18
茂 11
　　}14×
山 3

21∨∨

（歌紅神隱一條龍）

×④

01
　　}8
杜 7
　　}17
十 10
　　}13∨
三 3

20

（名詩人兼作家犯恐嚇殺人案）

④	01		
			8
	李	7	
			19
	登	12	
			15
	才	3	
		22	

（電視名主持人）

＞五（福祿壽長）◯土

陰陽和合之象，家庭和順榮昌瑞祥之數也。精神暢快，性情溫和，身康體健，福祿壽長，能受長者寵愛，外人敬重。或中興之祖，或出他鄉成家，有富貴榮達，一舉成名之福氣，富有道德心，樂善好施，乃福德至也。（吉）

◎天運五行屬火屬土，火生土，土扶土，一生一扶，大吉大利。

◎天運五行屬金屬水，金洩漏土，水反剋土。（中吉）

◎天運五行屬木，木剋土，吉數現凶象。取名時，避之為吉，一定要取

時，至少要有豐財數和首領數拱其旁。（不吉）

⑤
01
15
連 14
26
勝 12
16 ∨∨∨∨
文 4

30

（連戰之子，競選台北市長）

⑤
01
12
張 11
27
學 16
20
友 4

31 ∨∨

（香港名歌星）

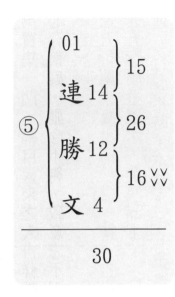

⑤	01		
			12
	張	11	
			31 ∨∨
	瀛	20	
			24 ∨∨
	仁	4	
		35	

（台語歌星漂亮寶貝，主唱雲中月）

＞六（安穩餘慶）●土

萬寶集一門，福自天來之大吉祥數。能興家立業，大富大貴，名譽兼俱，心存懷疑，動念不夠，致意志不固，即難享天惠之福，但亦不致於大敗。（吉）

◎天運五行屬火屬土，一生一扶，吉祥如意。

◎天運五行屬金屬水，金洩漏土，水反剋土。（中吉）

◎天運五行屬木時，木剋土，6數雖是吉數，但大運被剋，即是大運受傷，更甚被剋倒。（不吉）

		01	
			3
	丁	2	
13 ∨∨			⑥ ∨
	文	4	
			16 ∨∨ ∨∨
	棋	12	
		18	

（台灣廣播名人，進軍電視成功）

		01	
			12
	習	11	
⑥ ∨			22 ×
	近	11	
			16 ∨∨ ∨∨
	平	5	
		27	

（中共領導人）

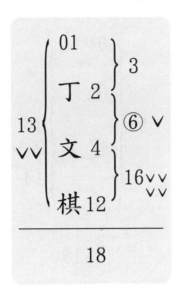

⑥
01
王 4 ｝5
建 9 ｝13 ˇˇ
民 5 ｝14

18

（台灣之光，美職棒創19勝紀錄）

ˇ七（剛毅果斷）◯金

剛情之數。恐因過剛內外失和，招致艱難、辛苦。獨立、獨斷、單行，倒再爬起，能排除萬難而成功。外剛內柔，若能涵養雅量，添增器局，幸福成功自能增進。有尊嚴，精力充沛型。女生有此數，會流於男性化。男女均涵養雅量和養德，定能蒙吉星照耀，而無過失。（吉）

◎天運五行屬土生金，屬金扶金。（吉）

◎天運五行屬水洩漏金，屬木反剋金。（中吉）

◎天運五行屬火，火剋金，大運損傷。（不吉）

⑦
01 ⎫ 5
王 4 ⎫ 12
定 8 ⎫ 14
宇 6

18 ∨

（電視名嘴，台南市議員）

⑦
01 ⎫ 6
白 5 ⎫ 11 ∨
冰 6 ⎫ 12 ×
冰 6

17

（名歌星）

2 ｛ 01 / 黃 12 / 妃 6 / 01 ｝ 13 / 18 / ⑦

18

（名歌星）

＞八（意志剛強）●金

意志堅固，忍耐力強，能貫徹己志，往前邁進，排除萬難而成功。若因其他大運數配合不妙，或有遭遇厄患。（吉）

◎天運五行屬土生金，屬金扶金。（吉）

◎天運五行屬水洩漏金，屬木反剋金。（中吉）

◎天運五行屬火，火剋金，大運易受傷且被剋制（即制服）之凶象呈現。試想事業做的好好的，誰想被剋制停擺，損失慘重！（不吉）

取名、改名避之為吉。

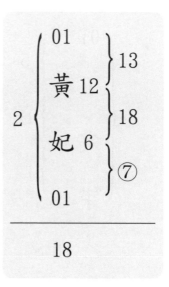

⑧
01
蘇 22 — 23
南 9 — 31 ∨∨
成 7 — 16 ∨∨ ∨∨

38

（已經往生台灣政治悍將）

2
01 — 5
天 4 — ⑧
心 4 — 5
01

8

（台灣電視名星）

⑧
01
洪 10 } 11
榮 14 } 24 ∨∨
宏 7 } 21 ∨∨

31 ∨∨

（中期閩南語歌王）

×九（興盡凶始）〇水

興盡轉敗之象，陷入窮途，慘淡、逆運、悲苦。或病弱，遭遇災害，離親失怙恃，官司、刑罰，不測禍厄至，甚而短命夭折或喪失配偶，或缺子息，大凶數，但有出奇之富翁、怪傑，出自此事者。（凶）

◎天運五行屬金生水，屬水，扶水，凶意減至最低程度。其他大運數至少要有豐財數與首領數拱其旁，則化凶象變為意外財多（一般均是溜多留少）。

◎天運五行屬木，洩漏水，若大運數亦有吉木（二木漸吸乾凶水，意外財現），加上其他大運數又有豐財數與首領數拱其旁，所謂怪傑、怪富翁勝出數（例子見左，連任13年台南市議員李文正）

◎天運五行屬水，水扶大運水自是不錯惜為凶數理。其他大運數除29、39外，不要再有水數，否則水多易漂，命運會凶象連連。

◎天運五行屬火，反剋水（不安），天運五行屬土，剋水（有凶象）。取名、改名儘量不要取水數，29水、39水另當別論。

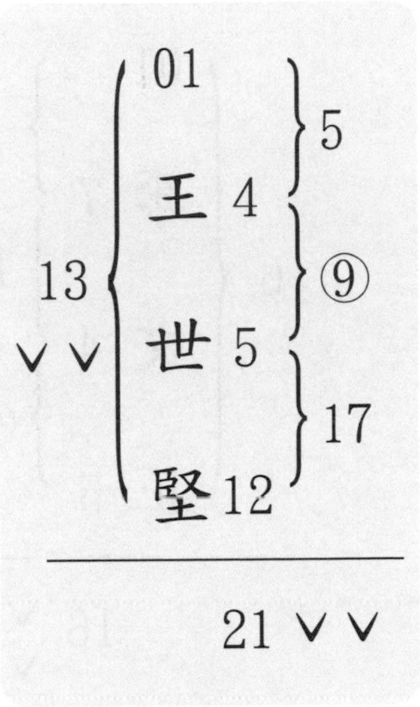

（緋聞受害，仍再當選市議員）

	01		
			8
	李	7	
⑨			15 ∨∨
×	幸	8	
			16 ∨∨ ∨∨
	育	8	
		23 ×	

（筆者94. 12. 24論中難懷孕成功）

	01		
			8
	李	7	
6			11
	文	4	
			⑨
	正	5	
		16 ∨∨ ∨∨	

（天運戊戌木）

╳十（萬事終局）●水

萬事終局之運數，乃宇宙虛空，萬物恢然，有此數者其凶惡更甚於九數，多於呱呱之聲出自於家破人窮之門戶，一生嚐盡苦楚辛酸，前途暗淡，難尋出光明路線，境遇至絕崖之象，此運數大抵乏氣力，屢做屢敗，遂致家破財散，或眷屬離散，多陷於困苦，或病弱、遭災難、刑罰等非運，且三才配合不得其宜者，大都中年前後，編入黃泉之客，然萬中亦有一二例外者，絕處逢生，能成功者非無矣。（凶）

（10，死諧音，與電梯無4，大家都趨吉避凶）

◎天運五行金生水，水扶水。其他大運數有31首領數，29、32豐敗數更好。反成兼俱意外財之怪傑。

◎天運五行木洩漏水，其他大運數需有21、29、31、32，能凶中反吉，天運五行火反剋水，大運數亦需有21、29、31、32，否則避之為吉，不取「死」數。

◎天運五行屬土，土剋水（大凶）。

⑩
×

01
18
蔡 17
28
振 11
20
南 9

37 ∨

（後悔吸毒，之後宣傳反吸毒）

⑩
×

01
17
陳 16
20
水 4
13 ∨
扁 9

29 ∨ ∨

（台灣前總統被關）

⑩ ×

01 ⎫ 18
孫 10 ⎭⎫ 26
燕 16 ⎭⎫ 25
姿 9 ⎭

35 ∨

（名歌星）

∨十一（挽回家運）〇木

恰如草木受春光，慈雨沾恩萌芽，伸長枝葉漸漸茂榮，乃陰陽重新和合，享天賦優越條件之象，順序進步，穩健著實，得到人望，大發達富榮之數也，有再興家運之格，又是多屬於養子數運。（吉）

◎天運五行屬水生木，屬木扶木，（均吉）。

◎天運五行屬火洩木，屬土反剋木，（中吉）。

◎天運五行屬金，金剋木，（不吉）。會錯誤判斷，錯誤投資、合夥失敗，一時失敗，甚至老年前（總格行運走49～60歲），或老年（天格走

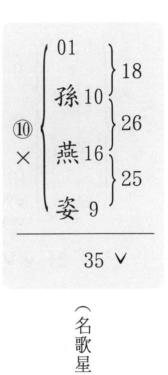

61～72歲）一敗塗地，難挽回天，取名、改名均避之不取。

	01		
			8
	余 7		
2			⑪
	天 4		
			5
	01		
		⑪	

（台灣歌王之王）

	01		
			9
	林 8		
14			⑪
	子 3		
			16
	琦 13		✓✓ ✓✓
		24 ✓✓	

（亞運舉重奪金）

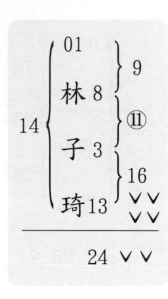

	01	6
	白 5	
2		⑪
	光 6	
	01	7

⑪

（3、40年代歌后之后）

×十二（意志薄弱）●木

屈而不能伸之凶象，意志薄弱難成全事業，如不能守己安分，企圖不相應之事，易招致失敗，中年至晚運更應慎重，否則沈淪於逆境，凡帶此數者，大抵家屬緣薄、孤獨、遭遇苦境，或因不節制多病弱，甚至夭折之悲運，倘能自忖其力，勿過分，而能節制自重者，不致如此。（凶）

◎天運五行水生木，木扶木，凶意減至最低。（不吉）

◎天運五行火洩（漏）木，土反剋木。易有癌疾，取名避之（不吉）。

◎天運五行屬金剋木，（凶）避之。

		01	
			20
	薛	19	
⑫×			28×
	貞	9	
			20×
	國	11	
		39 ∨∨	

（三立新聞台：警察一分鐘內被活活打死）

		01	
			6
	白	5	
7			11
	冰	6	
			⑫×
	冰	6	
		17	

（痛失女兒白曉燕）

⑫
01
梁 11 } 12
朝 12 } 23 ∨∨
偉 11 } 23 ∨∨

34

（香港影星）

＜十三（智略超群）○火

博學多才，富有智謀奇略，善於處事，偶有難事不形於色，巧於謀略，能獲大功，富貴榮華吉運數。只要不過於自信智謀，任好奇心處事者，好運不易溜走，機會溜掉。屬首領數。

◎天運五行屬木，火，升，扶大運火。（大吉）

◎天運五行土，金，洩漏與反剋火。（中吉）

◎天運五行水，剋大運火（不吉），需靠流年木運幫忙。左李宗富，2010

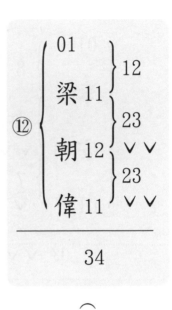

年（庚寅流年五行屬木）挾著15豐財數幫助下，當選了台南市議員。

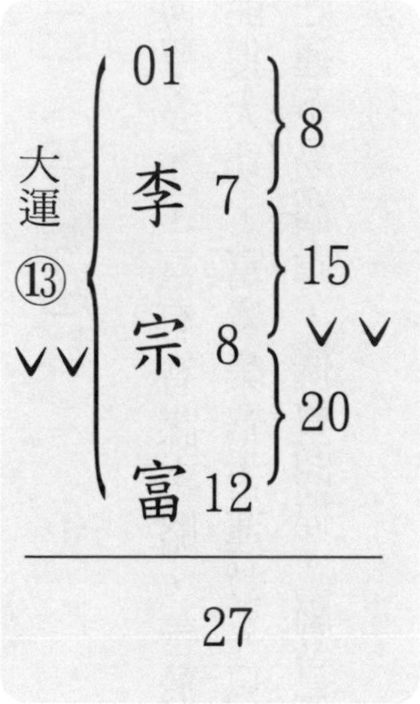

（市議員）

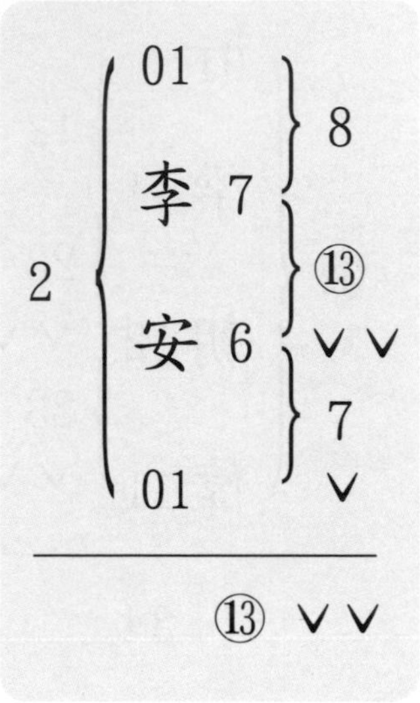

（名導演）

⑬ 01 周 8 潤 16 發 12

9 24 28

36

（香港名演員）

×十四（淪落天涯）

沉淪之象，家庭緣薄，失怙恃，缺子，兄弟姊妹離散，孤獨，難獲天倫之樂，凡是不如意，有如沉下水底之石，一生暗淡、辛酸、危難、遭厄、勞而無功，能戒虛飾，從事誠實，節儉者，可化凶為平常也，但他格配合不宜者，有短命、刑罰、死無葬身之地也。常做善事可轉命運。

（凶）

★姓名之天格、人格、地格、外格、總格等五格之大運環環相扣，不能由其中一格斷生死，否則算命運，論斷命運會失之偏頗。

◎天運五行木，火（少凶），土，金（中凶），水（大凶）

◎王文哲是我的朋友，己亥木年生，生家庭運14數，去年癸巳水年剋14數之火，太太過逝，算正常。37～48歲之大運11蔭家數有大運木之扶，又住在台南運河（有水便有財）邊，財氣不錯，且常作善事，經常生枇杷葉免費送給別人醫療身體（我也是受益者之一），日子過得非常快樂，沒有像熊畸式姓名學所謂14數淚落天涯，失怙恃，缺子（他有一男二女）之象意解釋。所以大運凶數，要由天運五行來判斷，才是正確。固本書81數均有各個不同的天運五行之詳解，足為珍貴。

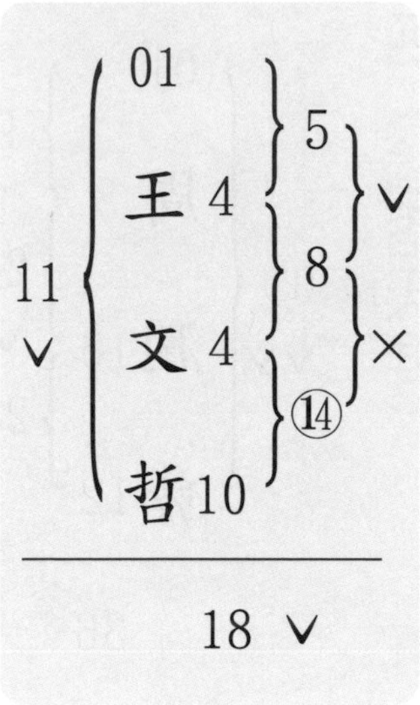

（天運己亥●木）

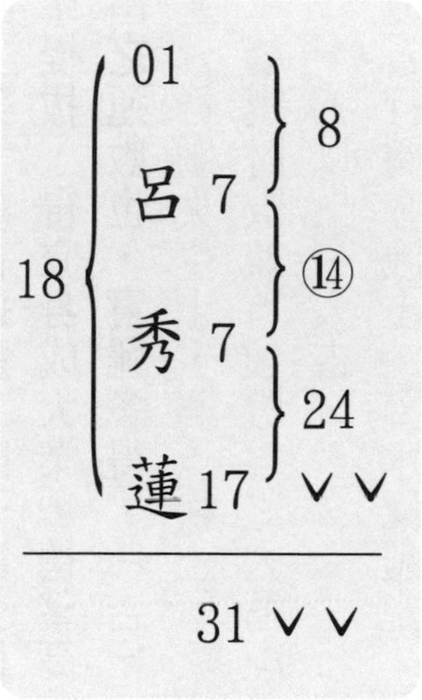

（因228事件終身未嫁缺子息）

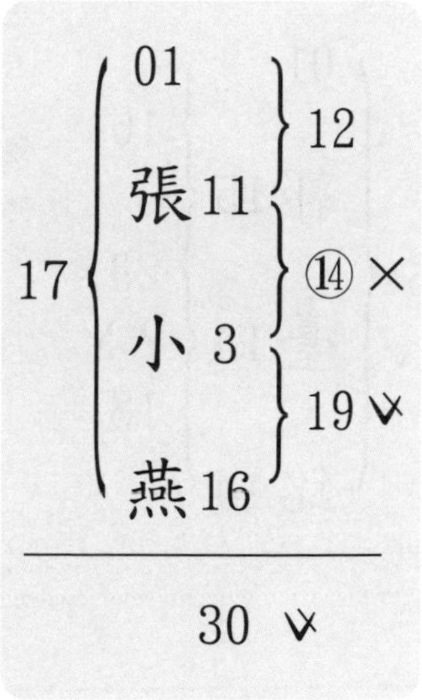

（結婚多次感嘆二字）

＞十五（福壽拱照）○土

無上榮幸之吉運數，財子壽全備，圓滿之象，人溫和恭謙之精神，能受上峯提拔，得立身成大業，德望高。獲富貴榮譽響及子孫，慈祥善德，大吉昌之運數也，實難多得。（吉）

◎天運五行屬火生土，屬土扶土，大吉大利（15數屬豐財數），若再有16數（屬豐財數兼首領數）之大運配置，則錦上添花，人生已成功了百分之八十五以上（大吉）。

◎天運五行屬金洩土，屬水反剋土，（中吉）。

◎天運五行屬木，木剋土，（不吉）不取。

		01	
			16
	郭	15	
⑮ ＞＞			29 ＞＞
	臺	14	
			18
	銘	14	
		43	

（台灣首富之一，具29、15雙豐財數）

01
18
蔡 17
⑮ 23
ˇˇ 同 6 ˇˇ
20
榮 14

37 ˇ

（台灣民視董事長）

01
9
林 8
⑮ 18
ˇˇ 書 10
24
豪 14 ˇˇ

32 ˇˇ ˇˇ

（華人藍球明星）

ˇ十六（首領貴人）●土

富貴榮達，能集名利於一身，成就大事業而獲眾尊仰，貴人易現，為首領數兼豐財數，將孤傲缺點改之算圓滿。

（取名時，能有豐財數與首領數，加上天運的生、扶，人生已成功了85分以上）

◎天運五行是火、土。（大吉）

◎天運五行是金、水。（中吉）

◎天運五行是木，木剋土，大運期間嚴防大量投資或重大決策，得靠流年火運的幫忙。（不吉）

	01		
			5
	王	4	
⑯			9
∨∨	永	5	
∨∨			20
	慶	15	
		24 ∨∨	

（前台灣首富，16、24雙豐財數）

	01		
			8
	李	7	
⑯			19
∨∨	登	12	
∨∨			27
	輝	15	
		34	

（台灣前總統，16首領）

```
        01 ┐
           ├ 23
   ┌ 蘇 22 ┘
8  ┤       ├ 31  ∨∨
   │ 南 9  ┐
   │       ├ ⑯
   └ 成 7  ┘     ∨∨
                 ∨∨
───────────────
        38
```

（前台南市長）

〈十七（突破萬難）〇金

權威高而固執己意。性短缺包容力，知自己之非，而無法改正，不容許他人成見。貫徹己意到底，故難免有失人和。如善自矯正劣處，以其意志堅確，有突破萬難之氣魄，當可獲得大成功，不然即時有招致失敗，或其他災危，切須謹慎。女人有此數者，易流於男性，若能涵養女德，心存溫和者，福祿自然隨。（吉）

◎天運五行屬土，土生金，吉。屬金扶金，吉，但嚴防高傲，堅持己見且目中無人。

◎天運五行屬水洩金，屬木反剋金，中吉。

◎天運五行屬火，火剋金，不吉。金數不能太多，金多帶殺伐之氣重，易變成黑道人物、英雄，父母會欲哭無淚。取名、改名，要注意之。

	01		
			23
	蘇	22	
9			31
	貞	9	∨∨
			⑰
	昌	8	∨
		39	∨∨

（前行政院長）

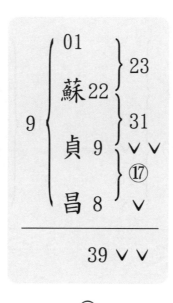

外格	筆劃	格數
	01	
		9
	林 8	
2 ×		⑰ ∨
	俊 9	
		10 ×
	01	
	總格 17	

（台灣廣播名主持人，進軍電視失利，仍是甲午陽金生10數凶水所致）

外格	筆劃	格數
	01	
		12
	張 11	
⑰		32 ∨∨ ∨∨
	藝 21	
		37 ∨
	謀 16	
	總格 48	

（大陸名導演）

×十八（有志竟成）●金

威望有勢力之祥數。志願之事，或計劃事業，大抵有所成就，意志堅固，能排除障害，克服難關，達成目的，博得名利。然自尊心過強，乏包擁力，誠恐堅剛過頑誘發非難，宜養柔德，具慎險處勿臨，慎思三省而後行，即可謂萬無一失，得到成功。（吉）

◎天運五行屬土生金（吉），屬金扶金（吉），金多或2金起傲意，宜水洩之或涵養之。

◎天運五行屬水洩金（即止金之固執己見），屬木反剋金（即高高在上變成溫和人人好），（中吉）。

◎天運五行屬火，火剋金（不吉）。

○金帶刀皮肉傷，●金入心臟（是比喻）。

而●（即陰）金多，比陽（○）金多更凶狠—陽金盲動，陰金善計謀，總之，金不能多，金多（3個以上），殺伐之氣便重，取名、改名避之為吉。

⑱ 01 8
呂 7 ∨
14
秀 7
24
蓮 17 ∨∨

31 ∨∨

（台灣前副總統，18數政治人物數）

9 01 9
金 8
⑱
城 10
⑱
武 8

26

（明星，廣告代言人）

×十九（風雲蔽月）○水

大凶之數，自幼失怙恃之兆，人頗有智能，足以建立大業，博得名利之實力，但中途多遇障礙而受挫折，大多因內外不和所致，困難、辛苦，欠貴人相助，中年恐受挫折而致精神異狀，或多夭折、孤寡、殺傷、刑罰、別離妻子之非運，故謂短命數也，但稀有富翁或異常人亦有之。（凶）

（數理象意：多才多災，要取水數以29代替）。

◎天運五行金生水，水扶水，雖能減低凶意至最低，但遇流年五行土來剋，仍會有麻煩、困難出現。要取之，其他大運數至少要有21、31、32、41、52二數以上拱其旁。

◎天運五行屬木洩水，屬火反剋水（不安）。除非其旁大運數有豐財數（32、41、52）與首領數（21、31）拱其旁，否則還是不取為佳。

◎天運五行是土，土剋水（凶）。防各人不同的凶象會一一呈現。（下左三個驗證，足以讓我們警惕，尤具中華民國之白色恐怖・228事件，殺死了那麼多的台灣精英，更留給了其家屬一生永遠的痛。）

15 ✓✓
中 4
18 ✓
華 14
⑲
民 5
16 ×
國 11 ✓✓✓✓

34 ×

（台灣之國名）

14
01
9
汪 8
⑲
笨 11
24
湖 13 ✓✓

32 ✓✓✓✓

（敢衝敢言，內外欠和?!）

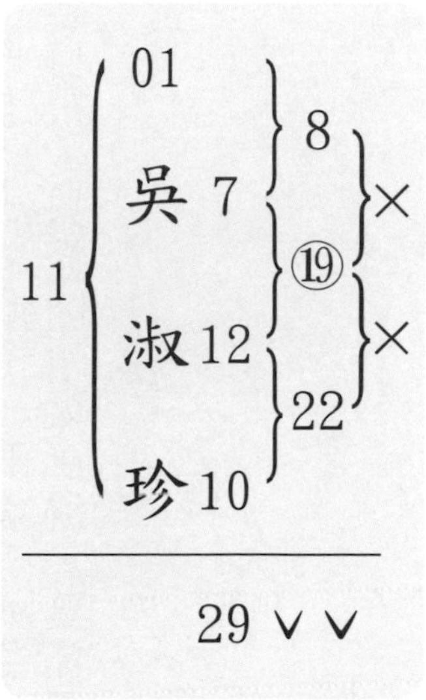

（阿扁太太，在家保外就醫）

×二十（非業破運）●水

破裂之凶數。有短命非業之誘導，多遇困難，或障礙難遂大志，所謂一生常生波折不得順利，一波未息又一波，困難重重，災禍頻臨，不安靜之兆，家宅人口不安，男女喪失配偶、病弱、短命、非業、破滅、別親、嘆子女之不幸，家庭生計陷于苦境，均是不幸之至，自幼若能鍛鍊忍耐力，養成精力，處事謹慎，對錢財節蓄以備老境，才不至慘絕。人格有此數者，慘淡更甚。（凶）

（20數為破滅不安靜數，阿扁刑罰，邱文達下台，澎恰恰以前遭勒索數千萬，20數，2「死」數?!）

◎天運五行金、木、水、火、土均避開20數，所謂：趨吉避凶，又所謂「人有一口氣，不往河裏跳」。

◎邱文達（見左），生於 1950 年 7 月，天運五行屬木，被流年甲午〇金剋制，先天元神受損在先，加上流年〇金又生破滅不安的家庭運（20凶數），凶象更凶。另流年甲午金扶17數之金共二陽金，剋大運32數之●木，木又來剋土（16數），土又來剋淹淹一息的20數之凶水，過程連環剋連環倒，20數凶水激起浪花又來生受傷的元神，元神更損，凶象更重，終於下台換跑道，印證了命運盤的象意；平時和睦無是非，大難來臨各自飛，只怪凶水太澎湃，莫怪下台避不開。

```
      01  ⎫
10  ⎧      ⎬ 17 ∨
×   ⎪ 陳 16 ⎭⎫
    ⎨        ⎬ ⑳ ×
    ⎪ 水 4  ⎭⎫
    ⎪        ⎬ 13 ∨
    ⎩ 扁 9  ⎭
─────────────────
        29 ∨ ∨
```

（前總統）

```
      01  ⎫
17  ⎧      ⎬ 13
∨   ⎪ 邱 12 ⎭⎫
    ⎨        ⎬ 16
    ⎪ 文 4  ⎭⎫ ∨∨
    ⎪        ⎬ ∨∨
    ⎩ 達 16 ⎭ ⑳
               ×
─────────────────
        32 ∨∨
           ∨∨
```

（TVBS 103. 10. 3 福衛部長因餿水油案下台）

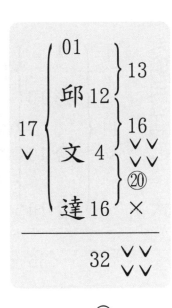

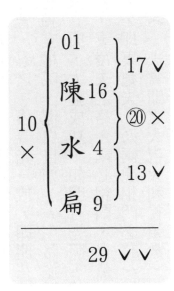

11 ∨	01		17
	澎	16	26
	恰	10	× ⑳
	恰	10	×
		36	

（早期，被勒索數千萬）

二一（明月光照）○木

含苞待放之象，乃萬物成形確立之勢也，此之梅花蕾待放之前多少霜雪之苦，忍之。俟春光一放，即開花綻放其美麗，受人賞讚，所以主數者具有獨立權威，潔白自如。人生路途難免困難，也要忍耐逐步前進，定可建家立業，大獲成功，如明月光照，首領之格，受人尊仰，若女性者反為不吉，妻凌夫之格，兩必相鬥，自然夫妻不睦，若此尚屬餘幸，否則非夫剋妻，即妻剋夫，乃兩虎相鬥必有一傷也。（吉）

（一夫當關之大吉大利首領數）

◎天運五行水生木，木扶木，（大吉大利），女性用之無妨（參閱三三數）。

◎天運五行屬火洩漏木，屬土反剋木。（中吉）。

◎天運五行屬金剋木（不吉）女防婚變。

我有一個朋友，天運五行屬金，大運數五格均是〇木，結果金剋木剋不動。

馬天運五行如是火、金，則命運盤非吉反凶。你有沒有注意到馬總統是3木吸（洩）3水。

（天運五行庚寅〇木，台灣現任總統）

10		01	
			11
	馬	10	
			㉑
	英	11	
			20
	九	9	

30

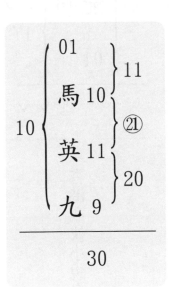

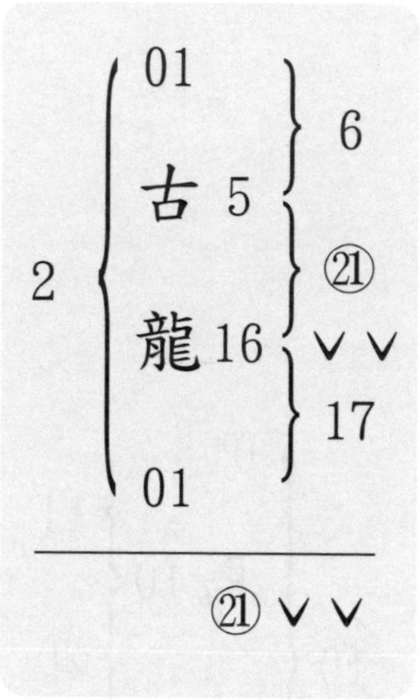

（香港武俠小說名作家）

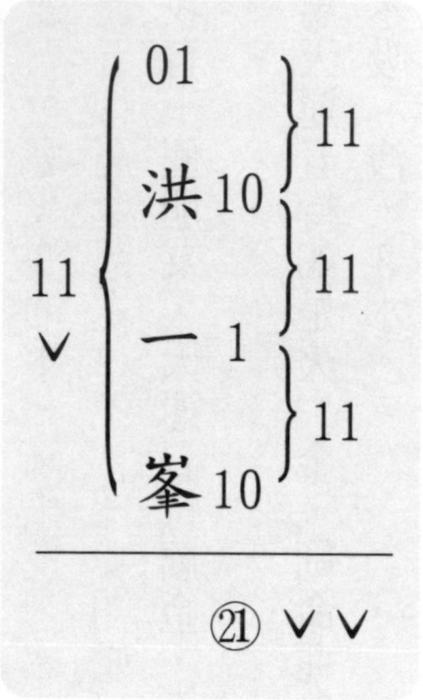

（原藝名洪文昌22數凶，改名後立刻受歡迎）

×二二（秋草逢霜）●木

凡事不如意，有如秋草逢霜，常受挫折，遭遇困難，身世凋零，晚景更加淒涼，主身衰弱，多病患，陷於孤獨境遇，心神過勞之患。（凶）

（吳淑珍車禍殘障，張國榮自殺身亡，洪文昌歌好人不紅，唱片也銷售不好，均有秋草逢霜22凶數）

◎天運五行水生木，木扶木，（吉帶凶）。

◎天運五行屬火洩漏木（不吉），需有21、31、23、33、03之吉大運數拱其旁，可轉凶至最低。像立法委員、前台南市長許添財便有23（人格）33（總格）拱在22（地格）旁（火大凶木被燒精光，凶意變小）。

◎天運五行屬金剋木（不吉）。

（洪文昌未改名洪一峯前，歌非常好，人沒紅，唱片也銷售不如預期。原來大運數9、12、14、22均凶，五格有四凶象會好嗎？）

01
8
吳 7
11 19
淑 12
㉒
珍 10 ×

29 ∨∨

（阿扁太太，車禍殘障）

01
12
張 11
∨∨
15 ㉒
×
國 11
25
榮 14

36 ×

（香港影星自殺死）

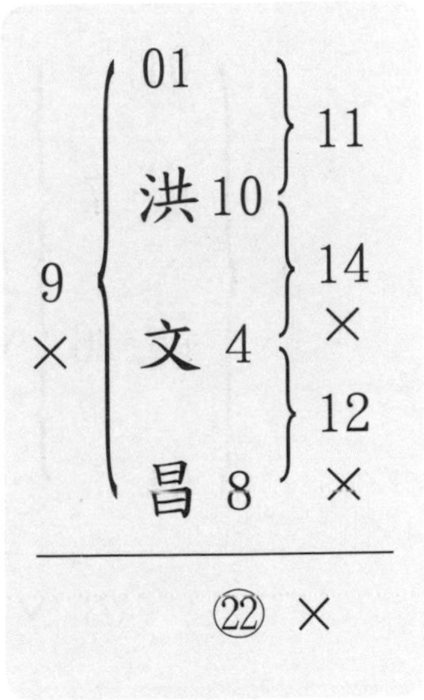

（改名洪一峯，歌紅人紅唱片也大暢銷見二一數P八四）

＞二三（旭日東昇）〇火

旭日東昇之象，其勢壯麗，縱出身於貧賤之家，亦可漸次進步，終至榮達，主數明朗活潑，有制伏一切艱難之氣力，情感銳利，處事敏捷，能成大志大業，功名顯達之運也，但婦女有此數者其弊同二十一數，毋庸多贅，即凡人格或他格出有此數者，難免孤枕獨眠，香閨零落也。（吉）

◎天運五行屬木生火，屬火扶火，均大吉大利，女性用之無妨（參考三三數）。

◎天運五行屬土洩火，屬金反剋火，男性中吉，女性如其他大運數凶，須防婚變，如其他大運數吉，要視生、扶、剋、洩來定奪，取名功力不夠者，避之為吉。

◎天運五行是水，水剋火，男女均不吉，女防婚變。

★算命、取名，不能由一格來斷吉、凶，必需視命運盤的吉、凶而定奪，這也是最基本的認知（請參考三三數之實例驗證）。

（韓國「漢城」改名為「首爾」後一鳴驚人，是23首領數的顯威）

2	01		8
	成	7	㉓
	龍	16	∨∨
	01		17
			㉓ ∨∨

（港星）

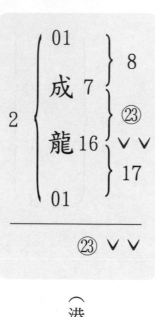

9	01		
			12
	張	11	
			㉓
	惠	12	∨∨
			20
	妹	8	
		31 ∨∨	

（名歌星）

5	01		
			13
	黃	12	
			31
	韻	19	∨∨
			㉓
	文	4	∨∨
		35	

（亞運跆拳道奪金）

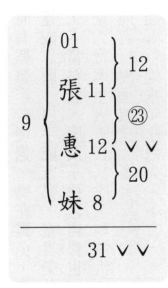

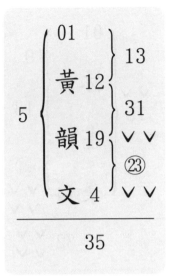

∨二四（家門餘慶）●火

時有艱難辛苦境遇，勢在難免，然而才略智謀超群，正可克服前途難關，達成志願，白手成家業，富貴榮華財源廣進，主有參謀才能及新發明智力，老當益壯，慶及子孫之吉祥也。（吉）

◎天運五行木生火，火扶火，均（大吉大利）。因24數屬豐財數。

◎天運五行屬土洩火，屬金反剋火。（中吉）。

◎天運五行是水，水剋火（不吉）。

		01	
			9
∨∨ 15	林	8	
			18
	書	10	
			㉔
	豪	14	∨∨ ∨∨
		32	∨∨ ∨∨

（藍球風雲人物）

	01		
	王 4	5	
16 ∨∨∨∨	永 5	9	
	慶 15	20	
			㉔ ∨∨

（王是4劃非5劃，因為作者姓王，凶數靈動最深）

	01		
	林 8	9	
14	子 3	11	
	琦 13	16 ∨∨∨∨	
			㉔ ∨∨

（亞運舉重奪金進帳三百萬）

二五（資性英敏）○土

資性銳敏，且有奇妙才能，得獲大功之運數，然而因性情時有偏重一方，言語多帶諷刺性，或有怪僻，如不予修養易與人不和，釀成弊害，或影響社會上信用，發生破綻，如能涵養，即可成功，此易弄吉反凶之數，須以謹慎乎。（吉）

（一般人格有土數理者，個性易變來變去，所謂「定性」較難固定如一）。

◎天運五行是火生土，是土扶土。（吉）

◎天運五行是金，洩漏土；是水，反剋土。（中吉）

◎天運五行是木，木剋土，（不吉），25數理不要出現在總格（主49～60歲行運），否則正常的老年生活易變調（除非主61～72歲的天格是木、火的數理可解憂）。

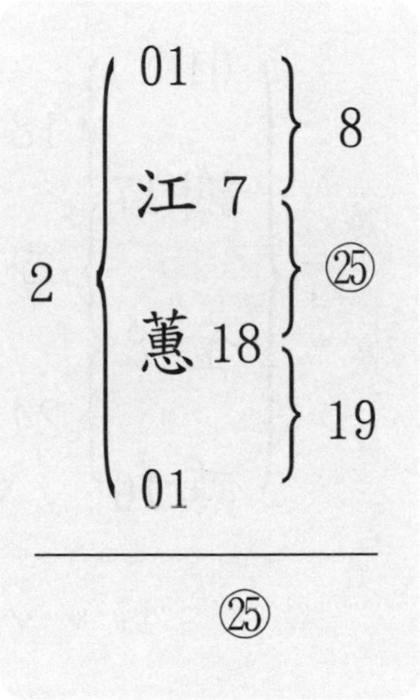

（台灣紅歌星）

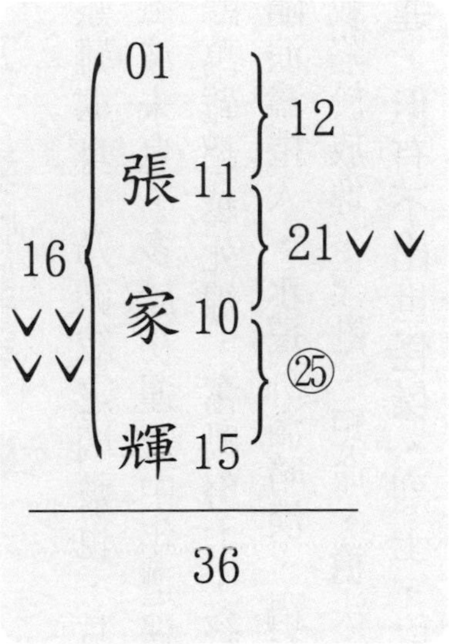

（香港影帝）

17 ｛ 01 / 謝 17 / 金 8 / 燕 16 ｝

18
㉕
24 ✓✓

41 ✓✓

（叫我「姐姐」有24、41二豐財數）

×二六（變怪異奇）●土

艱難纏身，乃鈎絞之凶數也，賦性穎悟，富有義俠精神，但因多變動，風波未息，多於初運及中年遭遇挫折，飄動未定，此時能有不拔精神，臨萬難超越死線，奮勵努力，終獲大功無疑，倘力不足，意志衰弱者，隨浪濤捲入，永遠沉淪暗淡，禍延家破人亡，孤苦之慘境，尚有他格配合或陷於放逸、淫亂、短命、槍決、無眷屬之緣，剋子，一生不得順境之凶運，但有不出世怪傑、烈士、偉人、孝子、異常人，出諸本數者有

之。（凶）

（26數是鈎絞，異人數，除非像左3範例，均有首領數拱其旁，否則凡人不取）

◎天運五行是火生土，是土扶土，命運吉、凶由命運盤吉凶來定奪，由單一大運數來決定，會失之偏頗。

◎天運五行是金、水，各是洩土、反剋土，命運吉、凶亦由命運盤吉凶來定奪。

◎天運五行是木，木剋土，（凶）取名改名均避開此數為吉。最好有21、31、32、33、23二～三數拱其旁。

		01	
			13
	黃	12	
6			21
	秋	9	
			14
	生	5	

㉖

（香港影星）

12		01	
			15
	黎	14	
			㉖
	智	12	
			23
	英	11	∨ ∨

37

（香港報業老闆）

11		01	
			9
	周	8	
			16 ∨ ∨
	杰	8	
			∨ ∨ 18
	倫	10	

㉖

（台灣紅歌星）

△二七（自我心強）○金

中吉之數，此數之人概早熟，發育良好，壯年或中年得早發達事業，但多因自我心過強，易受誹謗攻擊，非難，致中途挫折，到老難興，倘若能自省其身，矯正弱點，待人接物，誠實和藹，不釀成內外責難，認真努力，亦可能避免失敗得富榮，但他格之配合關係，或言多陷於刑罰、孤獨變死之逆境。（凶帶吉）

◎天運五行屬土生金，屬金扶金（均吉），但其他大運數均吉，最理想，像陳偉殷其他四大運數理是17、21、11、31均吉數。

◎天運五行屬水洩金，屬木反剋金，大運數最好有吉數11、21、29、31、32、39拱其旁。命運吉凶視大運其他數理之吉、凶定奪。

◎天運五行是火，火剋金，（不吉），注意刀傷、開刀等。平時多作善事，多唸經、佛，多接近神、佛可逢凶化吉。

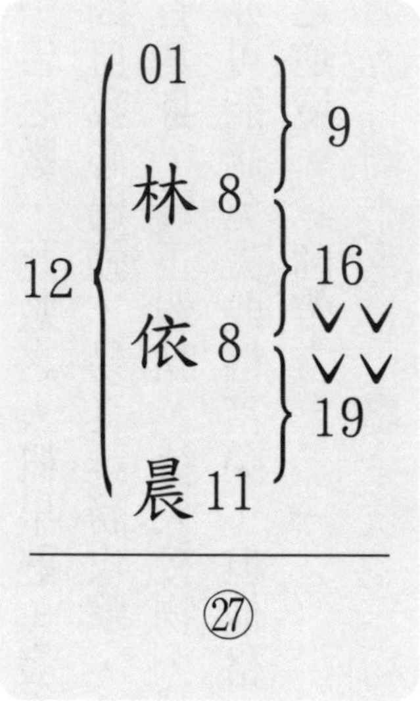

（廣告代言人，宣佈訂婚、結婚喜訊）

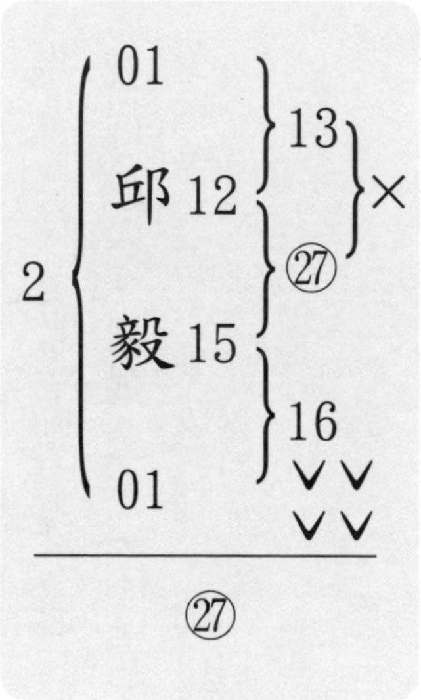

（無所不說，終於落選）

11
01
陳 16 — 17
偉 11 — ㉗
殷 10 — 21

37

（大聯盟職棒，光榮的台灣人）

×二八（自豪生離）●金

遭難數，行動上有豪傑氣概，肆無顧忌，因此難免易給人生反感或誤會，招致排擠非難之厄患，心如不向正道邁進，定陷入逆境，受累縛之辱，夫妻生離，喪子或子孫狼狽，災禍聚至，終生活受痛苦，家族緣薄，奔走他鄉，有怨仇、殺傷之厄，婦女多陷於孤苦無依之運格也。（凶）

（一般，人格數有金之數理者，體力好，活動力強。且大運數有7、8、17、18、27、28、37、38、47、48、57、58……等等，均會走上政治路途）。

◎天運五行是土生金，是金扶金，是水洩金，是木反剋金，是火剋金（凶），命運之吉凶，視命運盤之吉凶而定奪。不能由一格之大運吉、凶數理而判斷吉凶或生死。

01 }20
薛 19 }㉘
12 ◯ 9 }20
國 11

39

（三立新聞台：警察一分鐘內被活活打死）

01 }9
周 8 }24
13 ∨∨ 潤 16 ∨∨ }㉘
發 12

36

（香港名演員）

01 — 9
周 8 — 22 ×
15 ○14 — ㉘
源 14

36

（遭瓦斯窒死）

△二九（慾望難足）◯水

龍得風雲之象，智謀兼備，有遠大希望，而奏大功之格，財力活動之人，心寬廣，慾望無止境，諸事如龍乘雲之勢上昇，大獲成就，但往往不知足，任慾從事，恐成弄巧反拙，而致不能收拾，婦女者易流男性，或釀成荒之猜疑，嫉妬之心，宜戒心之。（吉帶凶）

（29數為豐財數，慾望較無止境）

◎天運五行是金，金生水，是水扶水（吉）。是木洩水，是火反剋水（中吉），均要有知足之心，且其他大運數理最好有首領數，豐財數拱之

（像31、41、32、52，女性更需要之）則去凶存菁。

◎天運五行是土，土剋水（不吉），避開此數改其他吉數理，女性更是。

所謂「趨吉避凶人人愛，歹運避開好運來」。

11	01	
		14
	楊 13	
		32 ∨∨
	麗 19	
		∨∨ ㉙
	花 10	
		36

（台灣歌仔戲天后）

2	01	
		18
	隋 17	
		29
	棠 12	∨∨
		13
	01	∨
		㉙ ∨∨

（台灣漂亮名演員）

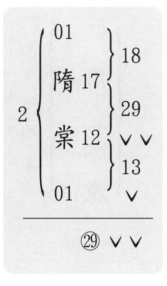

	01		
			5
	毛	4	
9			21
	澤	17	∨∨
			25
	東	8	

㉙

（中共前總理）

×三十（絕死逢生）●水

吉凶未定之象，時成時敗，勝敗難分之兆，若得他運配合好，可能有所成就，其配合凶，即沉於失敗，意志非堅固，處事不加詳慮，恐成大敗至無立錐之地，喪失妻子，陷於孤獨之境，一生難免遇有一次冒險，或有絕死逢生者獲得成功者亦有之。（凶）

（絕死逢生數，一般人難躲得過，躲得過的人要另有其他大運數理木來洩，土來剋，而吉數愈吉愈好，否則避開此數。像已故知名導演，屠忠訓也是有此數，車禍身亡）。

◎天運五行之金、水、木、火、土的生、扶、洩，反剋，剋的吉凶命運，均視命運盤的吉、凶顯示而定奪，不能由一數斷定之。

	01		
		16	
	葉 15		
16 ∨∨ ∨∨		㉚	
	德 15		
		㉚	
	嫻 15		
	45		

（香港名歌星，有16數首領數兼豐財數）

	01		
		18	
	謝 17		∨
12		㉚	
	雷 13		
		14	
	01		
	㉚		

（台灣早期名歌星）

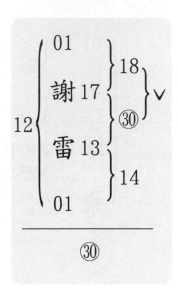

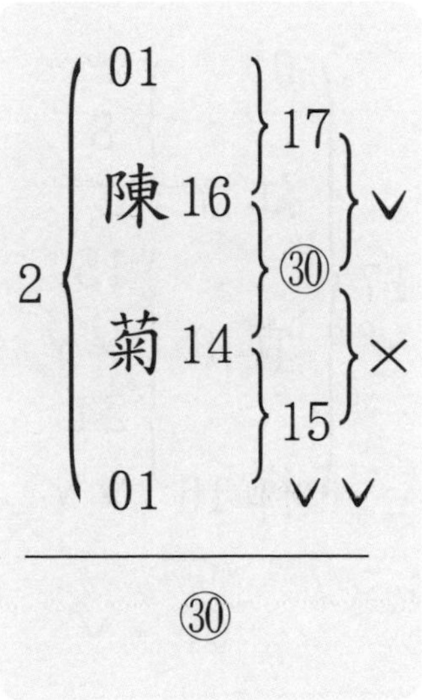

（228刑罰，之後選上高雄市長）

三一（智勇得志）○木

高名富貴之大吉數，智、仁、勇具備，有堅固之意志，能衝破難關，建立聲譽及偉大事業，有領導之德望，繁榮，統率眾人，博得名利、幸福、富貴、榮華之祥運也。（吉）

（強烈首領數）

◎天運五行是水，水生木。是木，木扶木，均（大吉大利），不可多得。

◎天運五行是火，洩木。是土反剋木（反剋吉數代表突破萬難而成功；反剋凶數代表大運不安）均（中吉）。

◎天運五行是金，金剋木（不吉）。既是金，轉向取29豐財數，39首領數。大運12年期間有財、有名。女性不必怕39會孤寡或婚變，因為水是被生，不是被剋或被反剋。

外格	字	筆劃	格數
9		01	
			12
	張	11	
			23 ∨∨
	盛	12	
			20
	和	8	
			㉛ ∨∨

（台灣現任財政部長）

外格	字	筆劃	格數
17 ✓		01	
			8
	江	7	
			15 ∨∨
	宜	8	
			24 ∨∨
	樺	16	
			㉛ ∨∨

（台灣前任行政院長）

成 7
功 5
大 3
學 16

㉛ ∨∨

㉛ ∨∨

（台灣台南）

＞三二（首領豐財）●木

池中之龍未得時之運也，一旦風雲際會便可昇天，故應誠實，認真努力，重責任，可得貴人提拔，善捉機會者大有成功，但勿違背仁心仁德，方能順利發達，家門隆昌，最大吉之數，常人不堪用之。（吉）

（像16數、23數一樣，32數是首領數兼豐財數）

◎天運五行是水、木，各生木，扶木，（大吉大利）。

◎天運五行是火、土，各洩木，反剋木，（中吉）。

◎天運五行是金，金剋木不取（不吉）。

★算命、取名、改名要學會活用，千萬不要以大運5數中的一數來論定吉凶生死。（103.10.10）

```
      01  ┐
          ├ 8 ∨°
      李 7 ┤
          ├ 16 ∨∨
24 ┤  香 9 ┤
∨∨        ├ ㉜ ∨∨
      蘭 23┘ ∨∨
             ∨∨
────────────────
      39 ∨∨
```

（一代奇女，名歌星、名影星、日本政治人物）

```
黛 16 ┐
安 6  ├ ㉜
芬 10 ┘
────────────
   ㉜ ∨∨
      ∨∨
```

（生產女內衣，32為首領數兼豐財數）

10
- 01
- 鳳 14
- 飛 9
- 飛 9

15、23 ∨∨、18

㉜ ∨∨∨∨

（已故台灣紅歌星）

∨三三（家門隆昌）○火

旭日東升，家門隆昌之大吉運數，才德兼備，勇斷果決之精神，任何艱難辛苦都不能阻礙事業之成就，有堅定意志能成就大事大業，博得名利震動天下之格，但過剛毅武斷，恐反誤事，因本數理過貴珍，常人不堪當，勿輕用之，婦人忌用，用則孤寡。（吉）

（此數身為首領數兼豐財數。爆發力強。天運五行屬木、火之女性用之並非孤寡，而是代表女強人，忙碌異常。）

◎天運五行木生火，火扶火，（大吉大利）。

◎天運五行屬土洩火，屬金反剋火，男性中吉，女性防婚變，但仍視其他大運數之配置而定奪之。

◎天運五行水，水剋火，男不吉女防婚變。

★呂清源（見左），天運五行是癸未●木，木剋土（15數，走37～48歲行運）與人合夥唱片公司，理念不合，賠錢走人。却並非一敗塗地（大運被天運剋易如此），原來是有總格33之首領兼豐財數（受天運相生），走49～60歲行運拱在旁。103年8月13日生病，是壬申月與甲午流年雙金剋天運木，日辰（8月13日）丙辰土又反剋天運木之數。

	01		
			18
	蔡	17	
9			25
	依	8	
			16
	林	8	
		㉝	

（名歌星，廣告代言人）

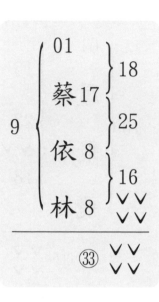

01
黃 12　13 ∨∨
俊 9　21 ∨∨
雄 12　21 ∨∨
13 ∨∨

㉝ ∨∨ ∨∨

（一代布袋戲大師）

01
呂 7　8
清 12　19 ∨×
源 14　26 ×
15

㉝ ∨∨

（唱片公司老闆，藝名石喬，天運癸未㊎木）

×三四（家破亡身）●火

劫禍層出不窮之凶兆，易失幸福，終生困苦艱難不絕，凶煞一到，則凶生凶，成為大凶，接踵而來。悲痛無限之大凶數，帶有此數者，大凶難，大辛苦，內外破亂，破害祖產，但他運配合關係，或有病弱、短命、配偶喪失、子女離別、殺伐、發狂、災禍至極、破家、刑傷、亡身之最凶數，故謂孤苦貧賤之格也。（凶）

（此數，一般人不取，避之）

◎天運五行是木，生火；是火扶火。均可減凶意到最低。像左三例均有首領數（豐財數）拱其旁。但「水往低處流，人往高處爬」，能夠不取不用之，算是學會趨吉避凶的「聰明人」。

◎天運五行是土洩火，是金反剋火（不吉）不取。因為流年運如走水年，會有凶象意之事件發生。

◎天運五行是水，水剋火，大凶象靈動，大運滿身污泥，避之不取，可算是平常多做善事，多佈施，否極泰來的開始。

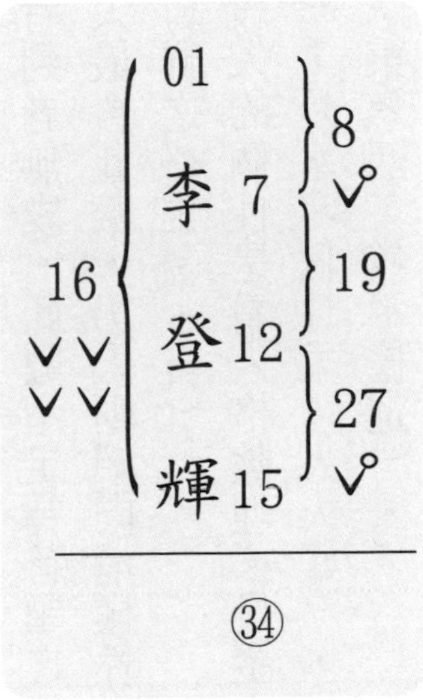

（34數官祿離丁，李前總統失去一兒子）

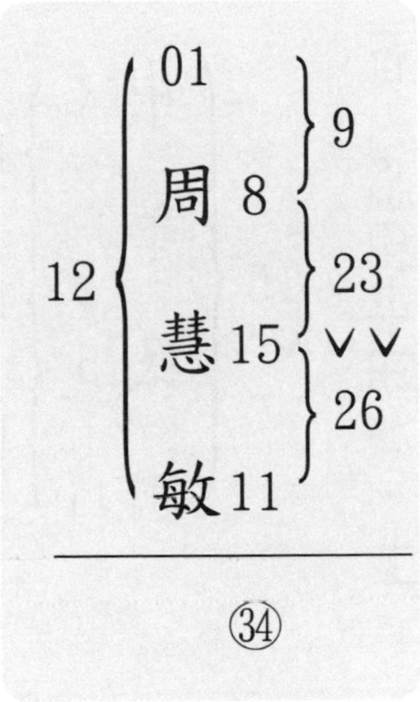

（香港明星）

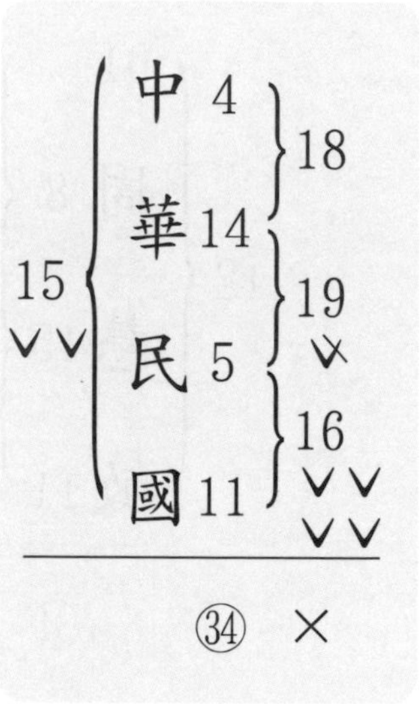

（台灣之國名）

〈三五（溫和平安）〇土

平和之兆，有才智，對於文學技藝，靠自己努力而獲成功。倚望他人提拔者到老無成。此數不足為首領之格，缺權威膽力謀略，最宜保守，是故女人最合此數，男人則傾向消極性之嫌，但三才良善者，生權威，自然逢大吉祥之格也。（吉）

★一般人的個性是看人格數理。是金（個性陽剛有活力），是木（個性較直），是水（個性柔，人人好），是火（個性積極、燥進），是土（個性忽東忽西，較不穩定）。

◎天運五行是火、土，生、扶土。（吉）

◎天運五行是金、水，洩土、反剋土。（中吉）

◎天運五行是木，木剋土，（不吉）但命運吉凶，另定奪於其他4大運吉凶數理，與三才大運（即成功運與基礎運的組合）之吉、凶配置，幫忙與否?!亦即：命運好壞需以命運盤來算才準確。

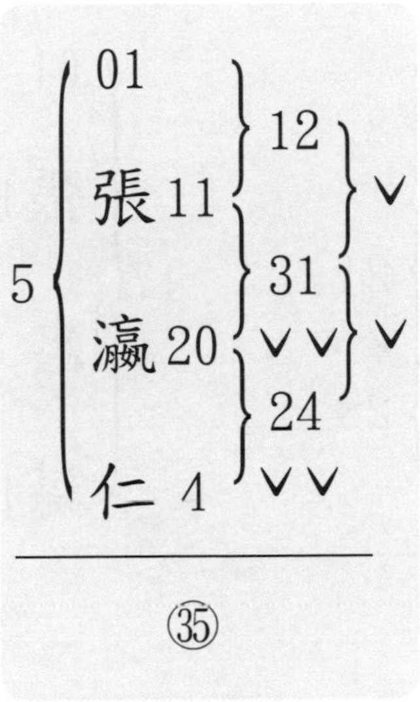

（台語歌星，有24美貌數與35溫和數）

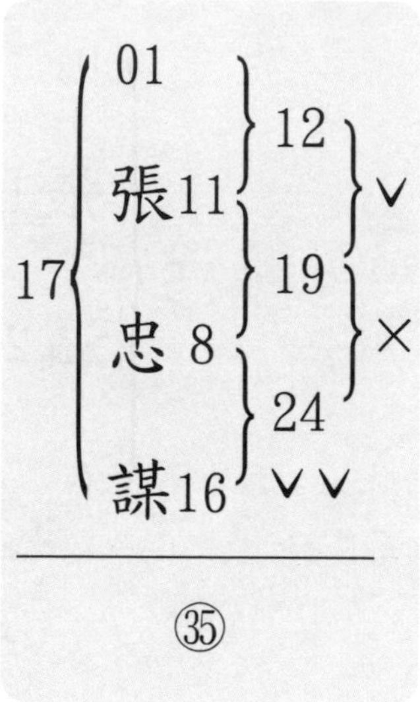

（台灣企業名人）

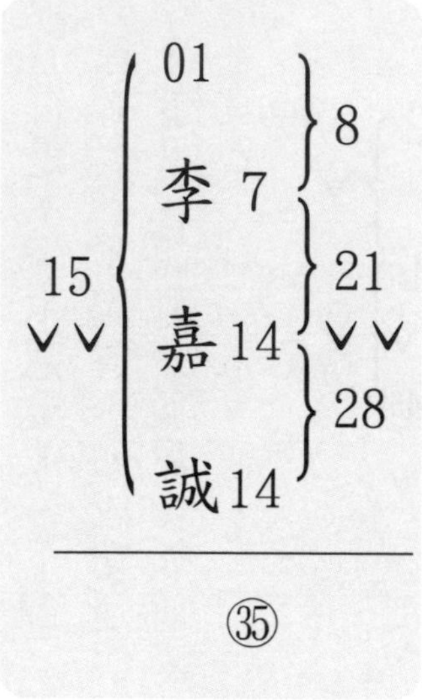

（香港企業鉅子，有15豐財，21首領數，雙土生雙金共4金，扭轉了三才大運之凶）

×三六（風浪不靜）●土

凶中之大凶數，前途茫茫，波浪疊捲而來，尋不出目標之兆，主帶義俠氣概，捨己成仁之局，一生好為人排難，自己困苦艱難却無法打開，務養精神上快活，否則多病患致夭折，事業小作微利，大即失敗難堪，與他運配合不宜者，有厄難等無所不至，謂是喜出風頭數也。（凶）

◎天運五行是火，生土，是土，扶土（吉中帶凶）。

◎天運五行是金、水，各洩、反剋土（不吉），需待流年走土之五行，仍會凶中帶吉。

◎天運五行是木，木剋土（大運受傷）。命運之吉凶，另定奪於其他4大運吉凶數理，與三才大運之好壞配置，幫忙與否?!

（見左中：周生於民國33年，天運五行是甲申陽水，死於流年26歲（走人格運，22凶數），時，民國58年己酉陰土。流年五行土剋天運五行水，元神受損極重，土又反剋大運22身世易凋零之凶木，天運五行水幫不上大運凶數，終於，流年土挾15數土，36數之凶土，3土生28數凶金，4金剋死凶數22之木。）

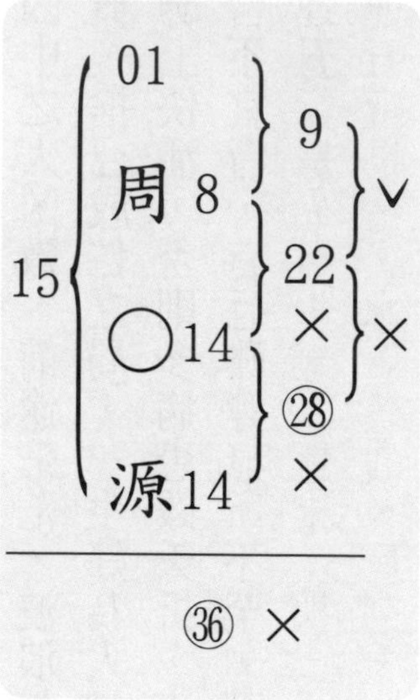

（遭瓦斯窒死）

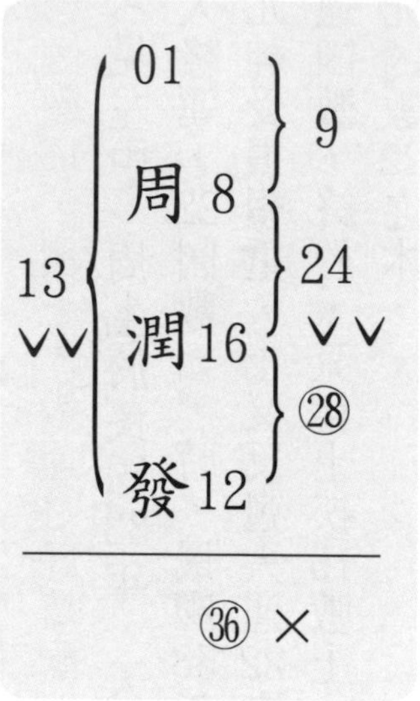

（名演員）

13 ∨∨
01
張 11 } 12
國 11 } 22 ×
榮 14 } 25

㊱ ×

（香港影星，22數加36數，自殺身亡）

∨三七（權威顯達）○金

天稟之性，溫和、忠實、獨行、權威，大德奏功之象，物事暢達，能以德取得眾望，始終有篤行誠實，存有克服難事，完成大業大功之志，經營事業，能步步得利，建立大業發達成功，富榮極樂之運，留意涵德養性，方免失卻天賦之大幸。（吉）

（權威顯達，美貌剛情數）

◎天運五行是土，土生金；是金，金扶金（大吉大利）。

◎天運五行是水、木，各洩、反剋金（中吉）。

◎天運五行是火，火剋金（不吉），並防流年五行火，雙剋金，有刀傷或開刀之厄，或錯誤判斷或拼命却賠錢之事件發生。

```
      01
         } 5
   支  4
17       } 25
   藝 21
         } ㊲
   樺 16
---------------
      41 ∨∨
```

（民視主持人，有37、41美貌運數）

```
      01
         } 15
   黎 14
12       } 26
   智 12
         } 23
   英 11  ∨∨
---------------
      ㊲ ∨
```

（香港壹周刊老闆）

11（外格）
01
陳 16 ｝17
偉 11 ｝27
殷 10 ｝21 ∨∨
㊲ ∨

（與王建民是美國職棒之台灣人2強棒）

△三八（意志薄弱）●金

平凡之數，難望大成功，蓋因意志稍弱，偶有挫折遂棄之不顧，無法貫澈目的，故難獲大功，若對文藝方面則有相當成就，如中途遇有失意事，若能重振精神，不屈不撓，向上努力者，取得成功並非無可能，故此數乃是藝術成功數也。（凶帶吉）

◎天運五行是土、金，一生，一扶金（吉）。

◎天運五行是水、木，一洩金，一反剋金（中吉）。

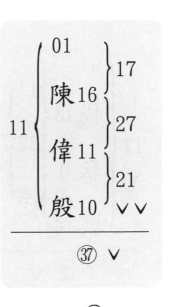

◎天運五行是火，火剋金（不吉），避之。

外格	姓名筆劃	格數
	01	
		20
8	鄧 19	
		㊳ ✓
	麗 19	
		26
	君 7	
	45	

（享譽國際台灣歌后，有38之藝術成功數）

外格	姓名筆劃	格數
	01	
		14 ✓
	楊 13	
17 ✓		22 ✓
	秋 9	
		25
	興 16	
	㊳ ✓	

（第2度參選高雄市長）

11	01		
			17 ✓
	陳 16		
			28 ✓
	淑 12		
			22
	芬 10		
		㊳ ✓	

（民進黨立委）

∨三九（富貴榮華）○水

雲開見月之象，富貴、長壽、權威全備貴重之格，此數幼運幾分勞碌，然得雲開見月進入光明路途，事業發達，萬人尊仰，權勢震撼天下，富貴榮華，福祿綿綿，子孫代代隆昌，無奈貴重至極之中，都藏悲慘凶象，所謂動極即靜，切勿輕用，婦女有此數者定陷於孤寡。（吉）

（至吉反凶數，其他４大運數有21、31、41、52之吉木數來洩漏，或有15、16吉土數來剋，均能化解凶意）。

◎天運五行是金、水，一生、一扶（吉）。男性若能有右之吉數拱之，更臻完美。女性29數代替39數，天運五行是金、木、水無妨。

◎天運五行是木洩漏水（中吉），是火反剋水（較不安）但有右、前之吉數拱之，可化凶為吉。但命運之吉凶，還是要以原名的命運盤之吉凶來定奪。

◎天運土剋水（不吉）。

（女性以能婚後幸福，成功帶圓滿為最重要。故作者的看法是，女性最好避開此數，不取此數。因為不知道已取了名的命運盤是吉或是凶。）

		01	
			23
	蘇	22	
9			31
	貞	9	∨∨
			17
	昌	8	∨°
		㊴	∨∨

（民進黨中常委）

		01	
	陳	16	17
15 ∨∨	美	9	25
	鳳	14	23 ∨∨
		㊴	

（名主持人，婚姻路上繳不出成績單）

		01	
	李	7	8 ✓
24 ∨∨	香	9	16 ∨∨ ∨∨
	蘭	23	㉜ ∨∨ ∨∨
		39 ∨∨	

（民視：一代奇女、名歌星、影星，並涉足日本政壇）

×四十（謹慎保安）●水

智謀拔群，膽力非凡，然而有傲慢態度，易受評擊，缺乏德望，好冒險投機心，倘若自傲強任好奇心從事者，陷於失敗、遭難、孤獨、短命、刑傷等運，如能謙讓處世者，得發達保平安。（凶）

◎天運五行是金生水，是水扶水，是木洩水，是火反剋水，是土剋水。命運之吉凶，全看命運盤的吉凶配置來定奪。

★落土時八字命。八字好壞牽引著你的名字被取得好、壞。而命運盤便已註定（此時你沒主導權，是牽引到你前世的因果）。而你幫孩子、孫子取名，你有主控權，當然要取最好的。

八字不能改，姓名可以改二次。發現姓名的靈動那裏不對勁，是凶非吉，那就趕快改個名，逃過災厄。願台灣人、全世界的華人個個健康、成功、幸福美滿，阿彌陀佛。（103. 10. 11）

01
林 8
聰 17
賢 15

16 ⌄⌄ ⌄⌄ (01 + 林 + 聰 + 賢)
9 (01 + 林)
25 (林 + 聰)
32 ⌄⌄ ⌄⌄ (聰 + 賢)

㊵

（台灣現任宜蘭縣長）

01
桂 10
綸 23
鎂 17

18 (01 + 桂 + 綸 + 鎂)
11 (01 + 桂)
33 ⌄⌄ ⌄⌄ (桂 + 綸)
㊵ (綸 + 鎂)

50

（台灣金馬影后）

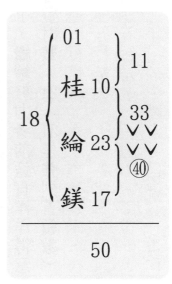

	01	
	陳 16	17
17		24
	○ 8	
		24
	龍 16	

㊵

（被刺身亡）

∨四一（德高望重）○木

膽力、才力、智謀、德望兼備，必可得極高聲譽之大吉數也，不忘向上力爭，繼續努力者前途實洋洋得意，無可限量。（吉）

（屬豐財數，21、31是強烈首領數）

◎天運五行是水，水生木，是木，扶木（大吉大利）。

◎天運五行是火、土，各洩木，反剋木（中吉）。

◎天運五行是金，金剋木（不吉），易錯誤判斷，投資失利。流年走水、木運年，凶中轉吉，仍會有一番作為。

（見左中：魏生於 46.3.8 天運五行屬陰火，被甲午年之金所反剋（元神不安）和剋大運數41（走49～60之大運），且成功運之配置，有急變之兆－35之土剋19之水，終於 103.10.11 開記者會後宣佈辭職下台。魏且被聲押求刑30年。足見有好數理，仍需三才大運（即成功運＋基礎運）吉，才是真吉。（103.10.30）

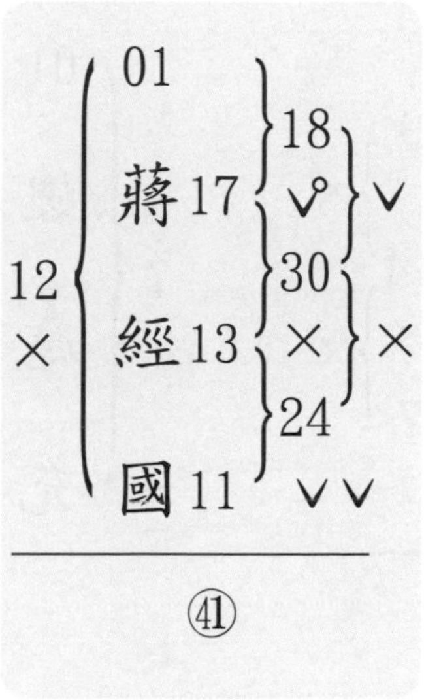

（台灣威權時代總統）

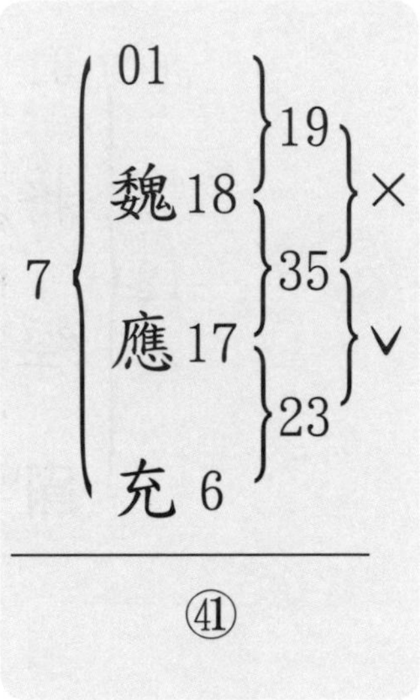

（頂新集團，因清香油辭三家董座）

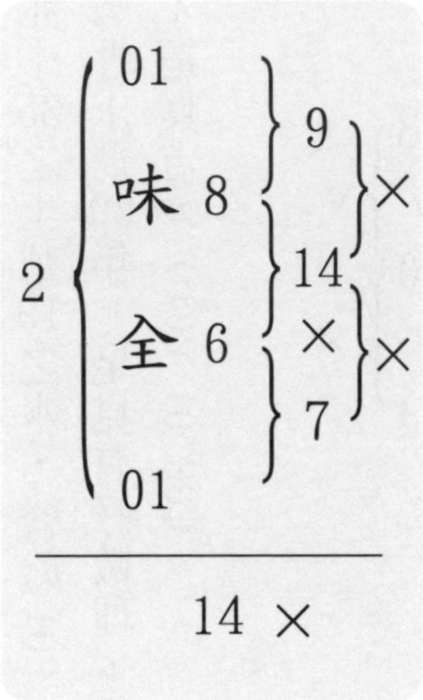

（魏家接手味全，也失事，見14凶數）

△四二（十藝不成）●木

聰明多學多藝，富有智能之才，但乏於專心研究，無奈十藝九不成，情感豐富，意志薄弱，幾分有傷感的氣氛，若專心向目標進取，可獲相當成就，否則遭受失敗，中年以後陷於孤獨無倚靠。（吉帶凶）

◎天運五行水生木，木扶木，火洩木，土反剋木（不安），金剋木（不吉），命運吉、凶，全視命運盤吉、凶來定奪。

★由1～42數之範例的靈動，幾乎出名人都帶有豐財數、首領數，有的甚至2個均有。故取好名，不僅命運盤要吉，還要有首領數或豐財數，甚而二者兼俱則更好。亦給了姓名學專研者一個警惕，不要以大運吉數被剋，或者大運5數中有一凶數，均論定命運凶。正確的論命，要以命運盤吉、凶之外的生、扶、剋、洩，加上天運五行與流年五行，對準大運（5數）之三角關係就對了。（103.10.11王博仕）

		01	
			15
	郝	14	
13 ✓✓			30
	龍	16	
			28 ✓
	斌	12	

㊷

（台灣現任台北市長）

		01	
			14
	楊	13	
11			32 ✓✓
	麗	19	
			✓✓ 29 ✓✓
	花	10	

㊷

（台灣歌仔戲天后）

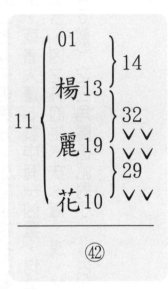

01
鄧 19 ｝20 ｝×
○ 11 ｝30 ｝×
順 12 ｝23
———
㊷

（中毒身亡）

×四三（雨夜之花）○火

虛飾之數雨夜花之象，具有才能，曾一時成功，但因過於弄使權謀術策，而無確立意志，結果失去信用，而致失敗，如不全者重外觀能一步一步建立堅實基礎，充實內容者，亦可有所成就，但往往踏入死線之界，發生凶兆之逆境。（凶）

◎天運五行木生火，火扶火，土洩火，金反剋火，水剋火，因為數為凶象，均帶有凶意或多或少，故算命時，要以命運盤吉、凶來論定，否則會失之偏頗。取名時，避開此凶數。

01
陳 16
〇 20
麟 23

24

17
36 ×
㊸ ×

59 ×

（不給錢，上電視版面）

01
蔡 17
〇 12
萍 14

15 VV

18 V
29 ×
26 V

V
×

㊸ ×

（天運戊甲〇土）

×四四（愁眉難展）●火

傾家蕩產之最凶數也，藏有家財破敗，人口離異，暗淡悲苦之悲運，諸事不能如願，多障礙、逆境、病患等，如他運配合關係有致發狂橫死等之不幸。於壯年或中年時如有一時的幸運，至中年後就傾瀉一盡，故斯時應謹慎節儉以濟晚境之淒涼，但有不出世之怪傑、偉人、烈士、孝子、節婦等出諸此數。（凶）

◎天運五行木、火、土、金、水，各生、扶、洩、反剋、剋44凶象火數（參考43數筆者之分析解釋，算命、論命亦是）。

（取名、改名時避開此大凶數，不然要有豐財數、首領數拱其旁。但一般人、平凡人還是避之為吉）。

01
陳 16 ｝17 ✓∘
其 8 ｝24 ∨∨
邁 20 ｝28 ✓∘
21 ∨∨

㊹

（民進黨立委）

01
陳 16 ｝17 ✓∘
雲 12 ｝28 ✓∘
龍 16 ｝28 ✓∘
27 ✓∘

㊹

（前高雄市議員，挾17、28、28、27四金進入政壇，均反剋44數）

金 8
○ 7
冰 6
菓 14
室 9

㊹

（關門大吉）

＞四五（衝破難關）○土

順風揚帆之象，有震動天下之大志，能貫徹大業之大器也，經綸深，智謀大，於一生中恐有遭遇九死一生之大災難，但得衝破此關者，能一舉成功，名揚四海，大榮大貴之運格。如以他運配合有凶數結合者，有如失舵之船，任風浪飄流。（吉）

◎天運五行是火生土，是土扶土（吉）。

◎天運五行是金洩土，是水反剋土（中吉）。

◎天運五行是木剋土（不吉）。

（取名，以命運盤全吉為吉，論命更以命運盤之生、扶、剋、洩論定之，準沒錯）。

01
鄧 19 —— 20
麗 19 —— 38
君 7 —— 26

8　　38 ∨ 26

㊺

（已故台灣名歌星，國際歌后）

01
葉 15 —— 16
德 15 —— 30
嫻 15 —— 30

16 ∨∨ ∨∨　　16 ∨∨ ∨∨ 30

㊺

（香港名歌星，命盤3土剋2陰水30數）

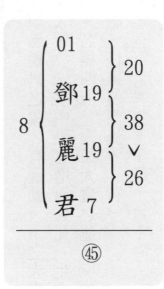

×四八（羅網繫身）●土

羅網之兆。一生困苦不離身之大凶數，意志薄弱，易走入歧途，受縲絏之辱，終身困難辛苦，悲傷之非運，然而能自立志氣堅定，感以仁義道德從事者，或者於災難過盡後，可獲成功，而依他運不善致陷於孤獨、刑罰、病患、短命等亦有之，一生難得幸福，又曰載寶沉船之數。（凶）

（載寶沈船，羅網繫身數）

◎天運五行屬火，生土；屬土扶土，屬金洩土，屬水反剋土，屬木剋土，命運吉凶，全視命運盤吉凶定奪之。既是：載寶沈船，那就避之為吉，不取。

（103. 10. 9 自由時報 A1：蔡英文批法務部長羅瑩雪，濫用國家機器要檢察官調查柯文哲，聰明的你視出羅之命盤何破綻？）

錢 16
24 ✓ ✓
林 8
23 ✓
23 ✓ 慧 15
22
君 7

㊻

（台灣現任監察委員）

01
21 ×
羅 20
35 ✓
12 × 瑩 15
26 ✓
雪 11

㊻

（台灣現任法務部長）

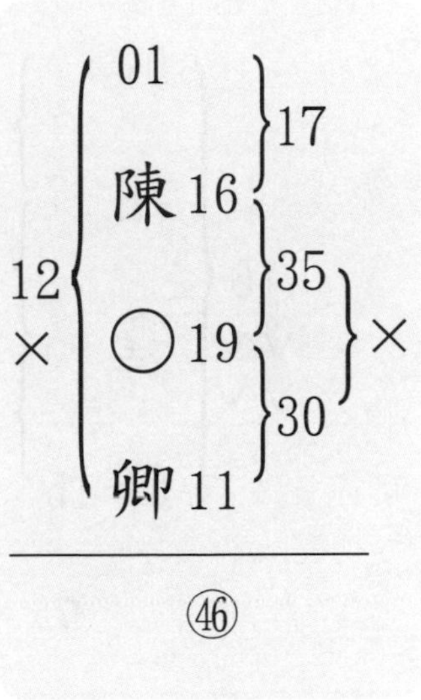

（侵佔公款被判徒刑）

四七（開花結子）〇金

衣食豐足之吉數，可享天賦之幸福，而與他人合作可成大業，即進可取，退能守，乃自由自在，一家圓滿快樂，永遠福及子孫之祥運也。（吉）。

◎天運五行是土，土生金，是金，金扶金。（大吉大利）

◎天運五行是水、木，洩，反剋金。（中吉）

◎天運五行是火，火剋金（不吉）。不能取金數多，因為金多帶殺伐之氣重，避之。

01
18
謝 17
16 32 ∨∨
∨∨ 霆 15 ∨∨
∨∨ 30
鋒 15

㊼ ∨

（香港名演員）

01
10
姚 9
17 31
蘇 22 ∨∨
38
蓉 16 ∨

㊼ ∨

（早期紅歌星）

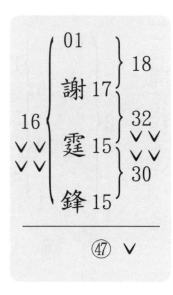

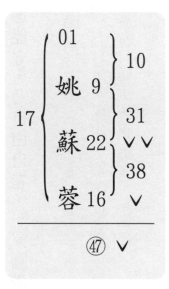

	01		
			21
	羅 21		
10			38
	豐 18		
			27
	胤 9		

㊼ ∨

（魏應充之抗告律師）

∨四八（有德且智）●金

智謀、德望甚高，堪為顧問之格，可享天賦之財富，威望昂揚榮達，實乃為人師表之運數也。（吉）

◎天運五行是土、金，各生、扶金。（大吉大利）

◎天運五行是水、木，各洩、反剋金。（中吉）

◎天運五行是火，火剋金（不吉），不取。

〇	9	
新	13	
百	6	
貨	11	
公	4	
司	5	
	㊽	

×四九（吉凶難分）〇水

身處於吉凶之歧點，趨吉則吉，遇凶則凶之數，壯年至中年之間遇吉則吉中生吉，但在此吉之重來中含有凶之預兆，中年未至晚年變成凶，則凶中生凶，遭受損失災害，幸福與否全賴三才之吉凶及他運生扶剋洩而決定，但大多陷於失敗災禍。（凶）

◎算命：天運五行是金生水，水扶水，木洩水，火反剋水，土剋水，全視命運盤吉凶論定。

◎取名、改名：避開此數，否則遇流年土（即流年五行屬土），易凶象靈動。

	上	3	
			11
	官	8	
17			32 ∨∨
	靈	24	∨∨
			38
	鳳	14	∨

㊾

（電影一代武俠之后）

煤	
○	3
煤	
礦	

㊾ ×

（爆炸，死亡一百多人）

		01	
			23
	蘇	22	
13			37
∨∨	震	15	∨°
			27
	清	12	∨°

㊾

（民進黨立委）

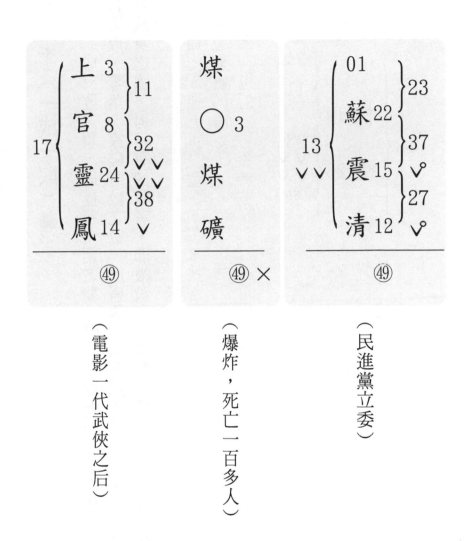

△五十（一成一敗）●水

一成一敗之象，即僅花一朝之夢，雖曾一度能至榮達之極，但轉瞬又告失敗、零落、家破財散之數，於盛興時如不戒心滿盈之理，定遭慘敗而無藏身之處，但另有凶數者，即被殺傷、離愁、孤寡、刑罰等之變動。

（吉帶凶）

◎算命：天運五行是金生水，水扶水，木洩水，火反剋水，土剋水，全視命運盤吉凶論定。

◎取名（包括公司名）、改名，避開此帶有未定時爆彈的凶數。

18		01	
	桂	10	11
	綸	23	33 ∨∨
	鎂	17	∨∨ ㊵
		㊿	

（金馬影后有33首領兼豐財數）

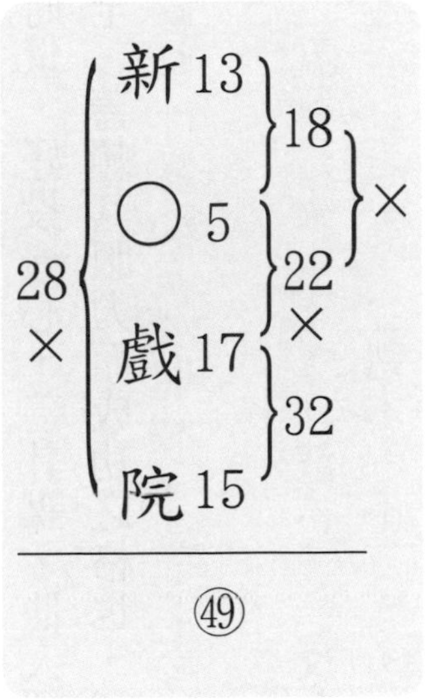

（火燒店燬）

△五一（盛衰交加）○木

盛衰交加之數；早年得享天賦之幸福及名利，但可惜於晚年落魄困苦，平時慎倨傲，宜自重可保平安。（吉帶凶）

◎算命：天運五行是水生木。若有21、31、41（木數）拱其旁（吉）。天運五行是木，有13、23、33、21、31、41拱其旁（更吉）。天運五行是火洩木，是土反剋木，是金剋木，全視命運盤吉凶論定之。

◎取名：避之不取，取52數吉到底，不用中途改名，包括公司全名。

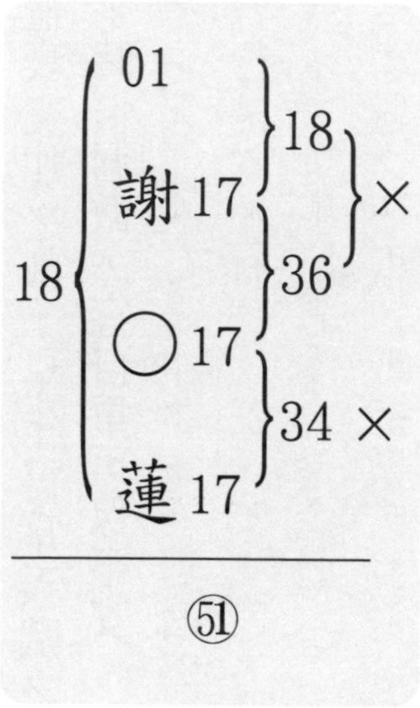

（失蹤人口）

∨五二（先見之明）●木

一躍得志成功之象，有先見之明，精幹之才，意志堅固，貫徹大志，能察時世，好投機心，善計謀，他人認為難事；彼容易成就，博得一世名利雙全，蓋賴其眼力而成功之格也。52屬豐財數（吉）

◎天運五行屬水，水生木（陽水生陰木，力道更強），木扶木（大吉大利）。

◎天運五行是火、土，一洩木，一反剋木（中吉）。

◎天運五行是金，金剋木（不吉）。

算	14
命	8
姓	8
名	6
學	16

(52) ∨∨

（作者書名）

21 ∨∨		01	20
	蕭	19	32 ∨∨
	敬	13	33 ∨∨
	騰	20	∨∨

(52) ∨∨

（名歌星）

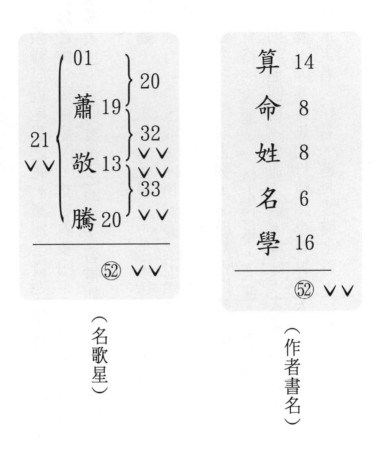

×五三（內心憂愁）○火

禎祥已近尾聲之兆，家運全盛期已成過去，而災禍將臨之凶數，由外表觀之儼然福祿盈門，其實內多困苦，陷於不如意境遇，一遇災禍，大抵家破人亡，家財蕩盡之非運，若得他運吉數，補救亦僅稍保安靜而已。（凶）。

◎天運五行是木，木生凶火，是火扶凶火（均不吉）。

◎天運五行是土洩火（稍安靜），是金反剋火（不安，不吉帶凶），是水剋火（凶象更靈動出），但算命仍以命運盤之吉凶來定奪。

★一般取名，均取吉數，命運盤吉則命運更吉。

五格的大運，一格走12年，大運5數有一大運數吉帶凶、凶帶吉或凶，則其他四格（大運4數）再好，人生一定有某方面的破敗、不完美、不圓滿（因為流年的行運你也要算進去）。

★真正吉名、好名，是命運盤全吉。

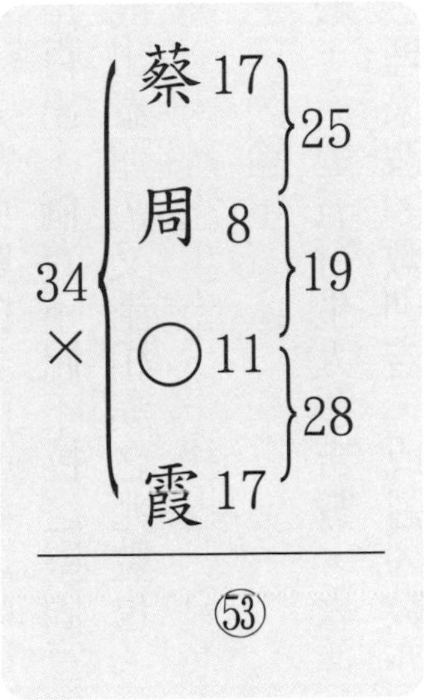

（告夫與女人同居）

×五四（多難非運）●火

大凶惡之運數，多障害，辛苦不絕，終而大失敗、不和、損失、憂鬱、煩悶、刑罰、破家、病弱、短命，或因受環境刺激，死於非命之凶惡，曰餓死之數，但有前半世幸福者有之。（凶）

◎天運五行，金、木、水、火、土之生、扶、洩、剋，請看五三數，而二凶數的象意不同。

啟 11
◯ 10
煤
礦
---
54 ×

（車禍6死32傷）

△五五（外美內苦）◯土

五乃為大吉數，五上加五，吉之重疊，如錦上添花，然吉之至極者反為凶矣，是故此數由表面上觀之頗顯隆昌，其實含有辛酸、障礙等，諸不如意事百出，倘有不屈不撓之堅固意志，堪耐災難不幸，於晚年可能克服難關開出泰運，又謂相誤之兆數也。（凶帶吉）

◎天運五行屬火生土，土扶土，金洩土，水反剋土，木剋土等，均視命運盤之吉凶論定。

★一般，天運五行生大運吉數，大運為吉。生大運凶數為吉帶凶，須旁有吉數理來洩凶數則吉，或剋凶數亦吉。問題是，非人人均帶有豐財數、首領數（二數更多更好）來洩、剋。所以作者強調，取名要取吉數，算命要以命運盤來論吉凶。否則僅以天運五行對準大運之吉數，凶數來判定大運吉凶，未免膚淺了些。

		01	
			20
	鄭	19	
18			38
	○	19	
			36 ×
	舉	17	

㊺55

（TVBS：癌術後種有機，闖出一片天）

×五六（暮日淒涼）●土

事與願違，難成全事業也，缺乏勇氣與忍耐力，進取心薄弱，而遭艱難挫折，不能復起，災禍頻臨，宜養精力與不屈精神，否則晚運慘至家破財散，病弱，孤苦無倚之大凶數也。（大凶）

◎取名，避之。
◎取公司名之全名，亦避之。
◎算命，以命運盤來算之，來定奪命運吉凶。

惠	12
◯	12
汽	8
車	7
商	11
行	6
	㊺56 ×

（公司倒閉）

ˇ五七（寒雪青松）◯金

雪中青松之象，性剛毅，有魄力，於生涯中雖曾遇大難一次，然後可以發達享受天賦之幸福，繁榮之兆也。（吉）

（7、17、37、47、57、67、87之陽金數均吉）

◎取公司名，以天運五行是土生金，是金扶金（大吉大利），是木，反剋金，是水洩金，均建議取67數吉到底。是火剋金（多事之秋，不吉反凶），不取。

◎取公司名，以負責人之生年干支來決定天運五行。如合夥，則以最高職位（如總裁或董事長、總經理……）來決定大運五行。

△五八（先苦後甘）●金

一旦遇凶則破家，滅產之大災難，必經此大難之後，方得再興事業，至富榮發達，終生繁榮幸福，晚年享受餘慶之運也。故甘蔗尾生甘之格。（凶帶吉）。

◎取公司名，天運五行是土生金，是金扶金（美中不足帶凶意，怕流年火來剋），建議取67吉數吉到底；參閱67數之詳述。

×五九（車之無穀）○水

失去核心之象，缺主宰力，乏勇氣，做事猶豫不決，無成事之才能，一旦遇災難無法再舉興業，終死於非命之大凶數也。（大凶）

◎取名、改名，取公司名均避之。

24	01		
	陳 16	17	
		36	×
	○ 20		
		㊸	×
	麟 23		
		㊾	×

（廣告製作公司，被控不給錢—TVBS）

×六十（黑暗無光）●水

黑暗無光，搖動不定之兆，方針出爾反爾，心迷意亂，難決定目標，徒加損失，殊難獲事業之有所成就，就當初對事業及目的有確立者可獲小成，否則一生無一成就，陷於困頓、煩悶、病弱、刑罰、短命之大凶運也。（大凶）

◎取名、改名、取公司名均避之，不取此數。

歐 15 ｝32
陽 17 ｝31
菲 14 ｝28
菲 14
29
⑥⓪ 60

（旅日紅星，嫁日本人，31、32洩60凶數）

六一（名利雙收）◯木

名利一舉兩得，繁榮富貴之吉運，無奈數出於傲慢不遜，有釀成內外不和，家庭風波不靜，兄弟越牆雙鬥之兆，非十分謹慎，修養德行，則無法防止於未然，若凡事細心檢討可獲得幸福，亨盡天賦之禎祥也。（吉）

◎天運五行是水生木，是木扶木（謹防傲慢，大吉大利）。

◎天運五行是火洩木，是土反剋木（謹防傲慢，中吉）。

◎天運五行金，金剋木（不吉）。取名、公司名均不宜。

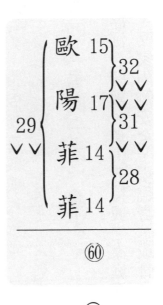

×六二（基礎虛弱）●木

注意信用、人和，否則家運漸漸衰頽，辛苦不絕，招致災禍而來，步步失意之凶數也。（凶）

◎取名、改名、取公司名均不宜，避之。

∨六三（富貴榮達）○火

萬物化育之吉象，不費精神，諸事如意、顯榮，富及子孫綿綿之幸福，能憐恤貧困，施以救濟，則能延年益壽，福祿無窮也。（吉）

◎天運五行是木，木生火（大吉）。取名、取公司均吉，另32、33、41、52均吉，也同樣可取或代替之，是火扶火（大吉），是土、金，各洩火，反剋火（中吉），是水，水剋火，取名（包括公司名）均不宜。

×六四（骨肉分離）●火

浮沉之凶數，負失敗待興之家庭責任，或相續絕房異常之運，多困難辛苦，又家內難安全，禍臨身，或骨肉離散，生涯難得平安也。（凶）

◎取名、改名，公司名均避之。

◯6

興爆竹工廠

64 ×

（爆炸四死）

∨六五（富貴長壽）◯土

高譽富貴是壽之吉祥，家運隆昌，福祿滿堂，事事成功，貴重之氣運。（吉）

◎天運五行是火生土，是土扶土（大吉大利），取公司名更佳。

◎天運五行是金洩土，是水反剋土（中吉），是木剋土（不吉不取）。

×六六（內外不和）●土

進進退退不吉之兆，內外不和，失去信用，艱難不堪，災害厄運交至

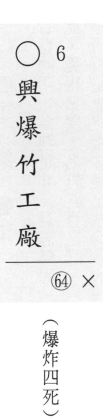

破滅之慘運數。（凶）

◎取名、改名、公司名均避開此數為吉。

＞六七（利路亨通）○金

白手成家之吉數，有自立門戶之能力，事事如意，得獲創家立業，繁榮之象，富貴進門，利路亨通，萬商雲集。（吉）

◎天運五行是土生金，是金扶金（大吉大利），取公司名亦佳。另37、47、亦吉，也可參考代替。是水洩金，是木反剋金（中吉），是火剋金（不吉），取公司名也避之。

＞六八（興家立業）●金

智慧聰明，易判是非。意志堅固，信用厚重。得發展家運之象，有發明機能，獲得眾望，名符其實之祥。（吉）

◎天運五行是土生金，是金扶金（大吉大利），取公司名亦大吉大利。是水洩金，是木反剋金（中吉），是火剋金（不吉）。

希爾頓大飯店

⑥⑧

（獲得眾望飯店）

×六九（坐立不安）○水

不安之凶數，屢陷危險境地之兆，多病弱，挫折頻臨，失意之餘，導致精神異狀、短命、境遇難安之凶運。（凶）

◎取名、改名、取公司，均避之為吉。

○ 12

誠爆竹工廠

⑥⑨ ×

（工廠爆炸，多人重傷）

×七十（廢物滅亡）●水

極端之凶惡數，隨貧苦困難而招致久病不起之重患，甚之殘廢，成啞、成聾、盲目等不幸之命運。（凶）

◎像69數一樣，70亦凶。取名、改名、公司名均避之。天運五行是土，土剋水。合夥公司更不能取，避免公司一敗塗地，不歡而散，恩恩怨怨（不吉），不取。

△七一（養神耐勞）○木

具有天生之吉數，得幸福安泰之運，無奈有徒加精神上麻煩，而乏實行之氣力與忍耐力，故難成就事業，多陷於無端辛苦，倘能涵養忍耐與勇為氣力，而不徒思算計者，尚可成就。（凶帶吉）

◎天運五行是水生木，（吉帶凶）取名、改名、取公司名，建議以31、41、52、81等吉數代替。是木扶木（吉帶凶），可以31、41、52、63等吉數（大吉大利）代替之。是火洩木，是土反剋木，是金剋木，均不取，可以其他相生、相扶之吉數命名之。

◎喜木數是（1、2、11、12……），奇數為陽，偶數為陰，像71數為陽木（○木），72數為陰木（●木），……餘類推。陽，力道較強；陰，力道較弱。同樣的，生於民國39年，奇數，庚寅陽木，天運五行即陽木；而生於民國40年，偶數年，辛卯陰木，天運五行即陰木。

△七二（末雨綢繆）●木

陰雲密布之象，利到禍臨，有苦有樂，混集之兆，從辛苦中得安逸，幸福中有苦痛之命運，是故能平時注意周到，以免陷入困苦之境，大抵如於早年幸福則晚境困苦，或先苦後甘。（凶帶吉）

◎俗云：開運開運人較順，好花也爭開早春。是趨吉之道。避凶之道是，不要跟壞人、凶數理在一起。建議不取，避之。天運五行是水生木，是木扶木，建議以大吉大利之木數，31、41、52、61、81、91、101來取名（到時，公司賺錢了，請我喝一瓶養樂多就好了）。

◎天運五行是火、土、金均避開此數。

△七三（志大力小）〇火

靜逸之徵，無實行貫徹之氣力，徒高其志望而無成其事之能，然得享天賦，靜中安逸禎祥。（凶帶吉）

◎取公司名不吉到底不取。天運五行是木生火，是火扶火（均吉帶凶）。是木者參考七二數之詳解建議。是火者，以33、63、83、93、103、113等吉數理來取公司名或改名之（大吉大利）。

◎喜火數是（3、4、13、14……），奇數為陽，偶數為陰。

×七四（沈淪逆境）●火

逆運之凶數，沒有才華。坐吃山空，漸而衰退之境地。能力不足，難以出世，一生沉淪逆境，堪嘆非運。（凶）

（夜雨無情摧夢中，西風有意斷花欉，趨吉避凶樂融融，勝過苦嘆一切空）

◎取公司名、改名避開不用。要用吉數火者，以24、104、33、63、83、93、103、113代替，（大吉大利）。

×七五（守則可安）○土

守安之相，乏於企劃能力，計劃事業，易上當於他人，遭受大敗，易輸數。若能得長上提拔可達繁榮，所謂主動無力，被動借助他人力氣，託他人之福，宜守不宜動也。（凶）

◎取公司名、改名，避開此數為吉。天運五行是火、土，喜土（五、六數）數者，建議以85、86、95、96、105、115、35、65代替之，則大吉大利。

◎天運五行是金、水、木者，更避開此數，不取。

◎喜土數（5、6、15、16……），奇數為陽，偶數為陰。

×七六（傾覆離散）●土

傾覆之凶相，信譽及地位墜落，家敗破財，骨肉離散，貧病交迫，短壽之墜落苦海之慘狀。妻子死別，悲愁無限也。（凶）

◎取公司名、改名，避開不用此數。天運五行是火生土，是土扶土，參閱七五數之詳述。

◎天運五行是金、水、木者，更避開此凶數，不取。

金	8
隆	
○	9
爆	18
竹	6
工	7
廠	15
	⑺⑹ ×

（工廠爆炸，死傷慘重）

△七七（樂極生悲）○金

吉凶摻半，得享受先天之福，幸福至中年，然後陷入不幸，悲嘆之運，如果於前半生遭遇悲運，則於後半生可能反為吉祥。（凶帶吉）

◎取公司名、改名，避開此數，取最好的！天運五行是土生金，是金扶金，喜金數（七、八數），以47、67、68、87、88、97、98、117代替（大吉大利）。

◎喜金數（7、8、17、18……），奇數為陽金，偶數為陰金。

△七八（晚境悽愴）●金

中吉之數，一旦凶相潛入其內，雖少但其力較兇。若於早中年能發達，或享受富貴幸福，晚境來至，難免凋零落葉枯衰，招致辛苦艱難之悲愴。（吉帶凶）

◎七七、七八數均不夠吉，參考七七數，作者之詳述。

×七九（挽回乏力）○水

能伸而不能屈，知進而不知退，有勇無謀，一旦遇挫折精神便喪失，無挽回之氣力，無節操，多疏忽事物，乏於信用，故難免受評擊責備，遭遇慘敗。（凶）

◎取公司名、改名避之為吉。

◎喜水數（9、10、19、20……）者，僅29、109吉，較少。其天運五行若屬金，金扶金，金生水均吉，可以37、47、48、67、68、87、88、97、98代替（大吉大利）。

◎喜水數（9、10、19、20、29、30……），奇數為陽水，偶數為陰水。

×八十（吉星入遁）●水

一生艱難辛苦，如波浪之重疊不絕，終身多受挫折而致病弱、刑罰、厄死之凶兆，若能及早修行善德，脫離凡俗者，尚可保小康之吉。（凶）

◎取公司名、改名避之為吉。

◎天運五行屬水，除29、109為吉外，另可選擇吉木數（1、2、11、12……）之31、32、41、52、61、81、91、101、111、112取之，均（大吉大利）。

八一（還元之數）〇木

◎還元之數，即81數以上，扣除80數後的餘數稱之。如81數之還元數是1，93是13，101是21……等。

養樂多股份有限公司

㉛81

（大家多喝過，盛名不衰）

第五篇
算命之認知與步步演練篇

五、算命之認知與步步演練篇（A）1～120歲之認識

◎天格、地格、人格、外格、總格，統稱命盤，又稱大運5數。

（範例）：

01
　}27 天格
26
　}47 人格
21
　}55 地格
34

外格 35（01＋34）

⑧1 － 80 ＝ 1
總格

◎五格統稱命盤，又稱大運5數。天格即是大運1數，地格即是大運2數，人格即是大運3數，外格即是大運4數，總格即是大運5數。

（範例）：

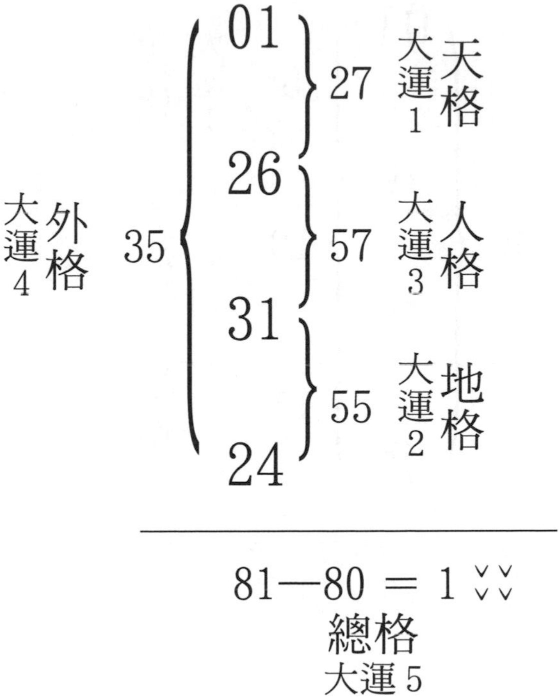

◎大運1數即是天格，走1～12歲的行運，亦是走民國01年到12年的行運。

（範例）：

01
5　天格　大運1
4
13　人格
9
11　地格
2
外格　3

15（總格）

◎大運1數走1～12歲的行運，大運2數地格走13～24歲的行運，亦是走民國13年到24年的行運。

（範例）：

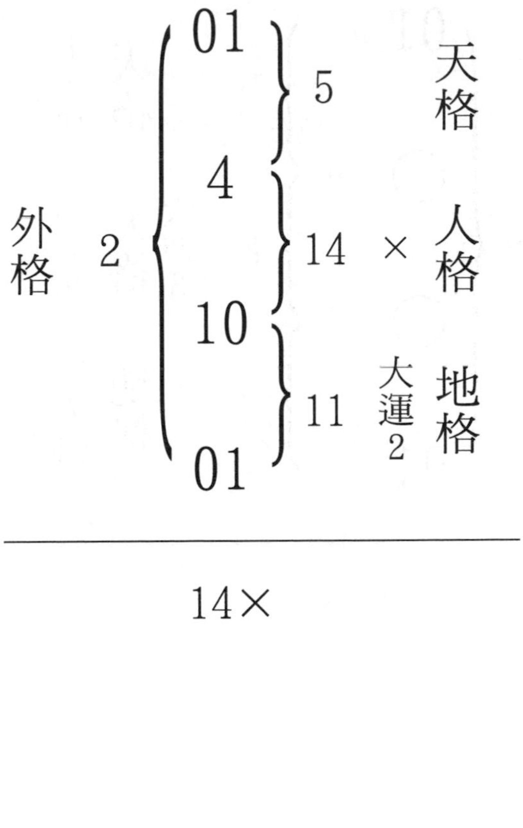

◎大運3數（人格）走25～36歲的行運，亦是走民國25年到36年的行運。

（範例）：

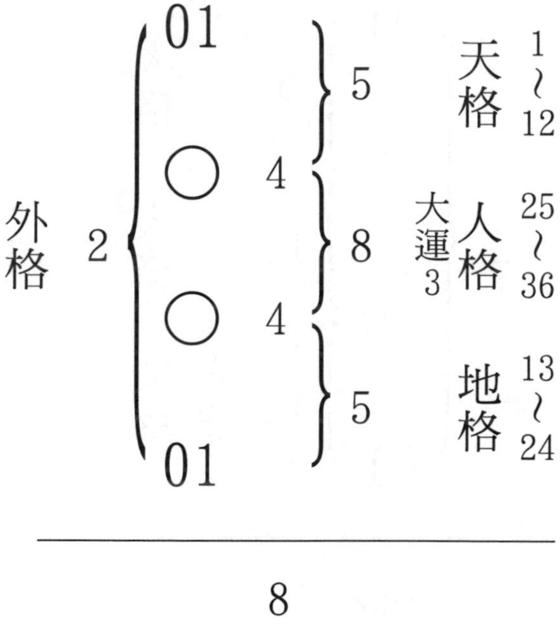

◎大運4數（外格）走37～48歲的行運，亦是走民國37年到48年的行運。

（範例）：

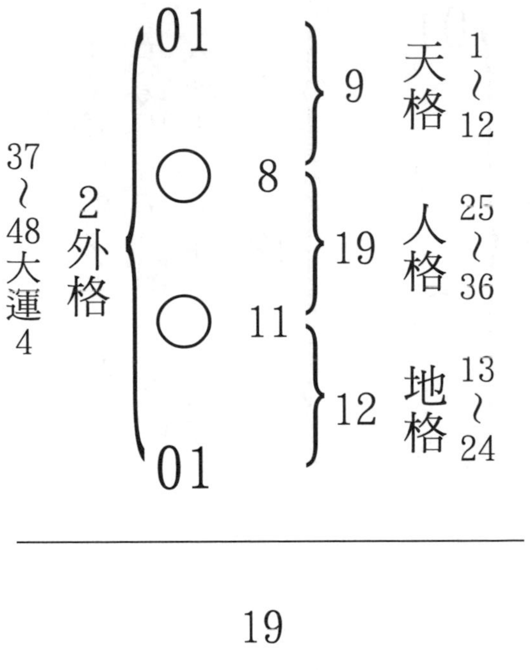

◎大運5數（總格）走49～60歲的行運，亦是走民國49年到60年的行運。

（範例）：

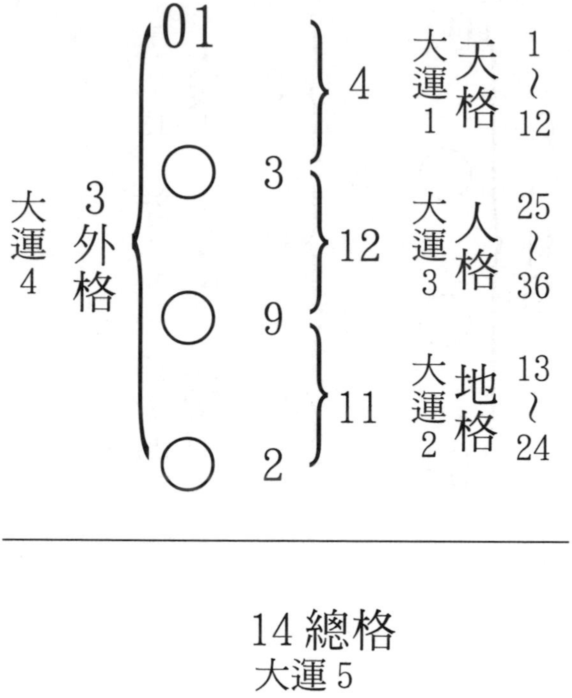

◎大運①數（即大運1數加60）走61～72歲的行運，亦是走民國61年到72年的行運。

（範例）：

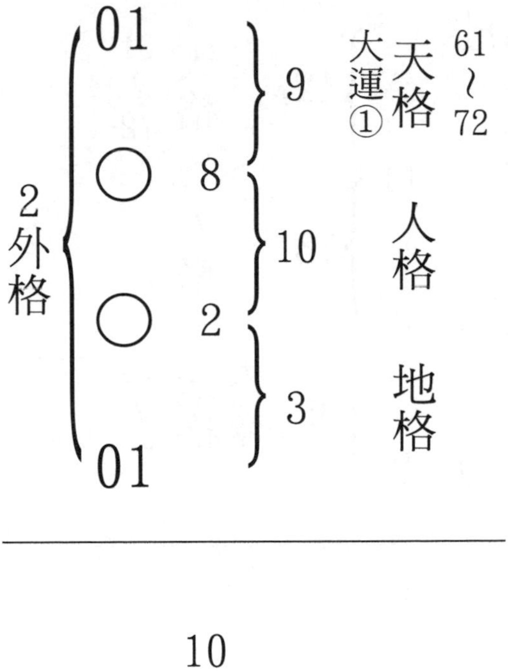

◎大運②數（即大運2數加60）走73～84歲的行運，亦是走民國73年到84年的行運。

（範例）：

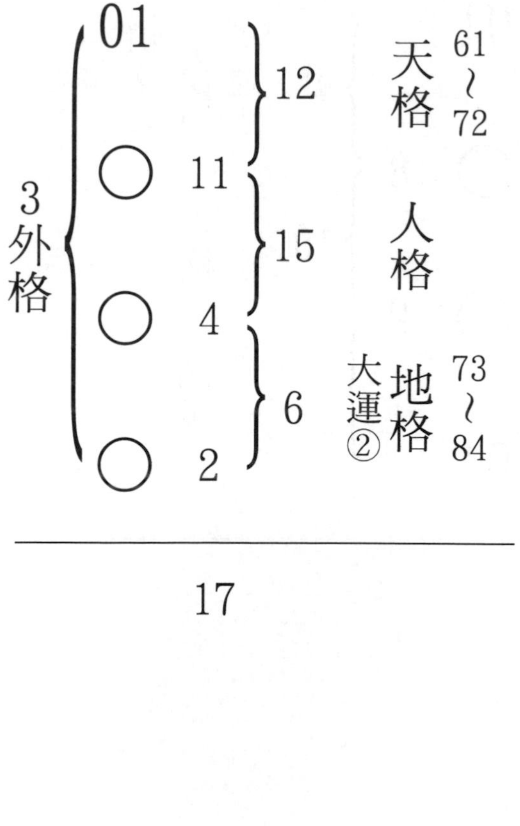

◎有的人活到90歲，大運③數（即大運3數加60）走85～96歲的行運，亦是走民國85年到96年的行運。

（範例）：

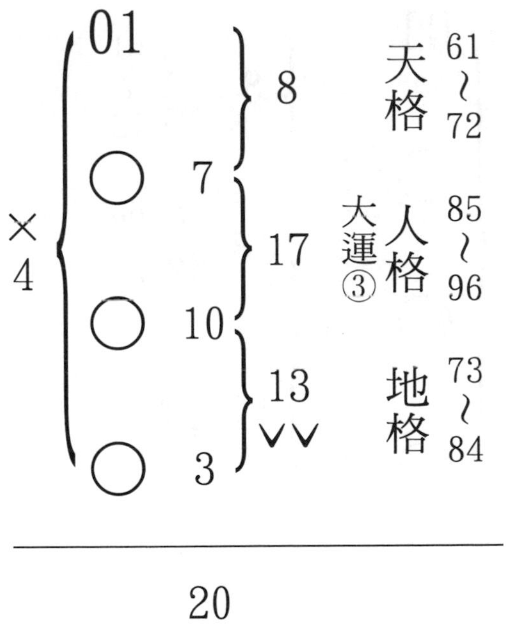

◎有的人活到100歲，大運④數（即大運4數加60）走97～108歲的行運，亦是走民國97年到108年的行運。

（範例）：

		01		8	天格	61～72
97～108	大運④ ×4	○	7	18	人格	85～96
		○	11	14	地格	73～84
		○	3			

21 VV

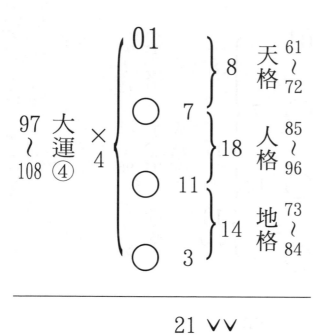

◎有的人活到120歲，大運⑤數（即大運5數加60），比中華民國建國103年還久，真是「很會活」！走109～120歲的行運，亦是走民國109年到120年的行運。

（中華民國103年之大運，為15數）

97～108　15

中	4	18	
華	14	19	
民	5	16	
國	11		

34
大運⑤
109～120

◎大運5數（即命盤）年歲及年份之速易得表（加成功運與基礎運）

（天格與人格之吉凶配置）（人格與地格之吉凶配置）

成功運

大運①（61～72）

大運1（1～12）

大運③（85～96）

大運3（25～36）

基礎運

大運②（73～84）

大運2（13～24）

18（天格）

19（人格）

16（地格）

中 4

華 14

民 5

國 11

15（外格）

大運4（37～48）

大運④（97～108）

34（總格）

大運5（49～60）

大運⑤（109～120）

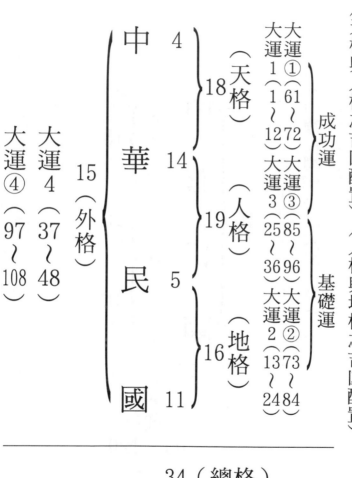

◎有了前面的大運5數加成功運、基礎運再加上流年運、天運及大運行運，共10大運，即可算更精準的命。

1～5、命盤（即大運5數，亦是5格）共有5大運

6.成功運（天格與人格之吉凶配置）

7.基礎運（人格與地格之吉凶配置）

（成功運與基礎運會加分或扣分於大運行運間之命運）

8.流年運：即每一年每一年均不相同的干支五行，對大運所產生的吉凶和對天運生、扶、剋洩之元神吉凶的簡稱。

9.天運（與天運五行不同），是天運五行受流年五行之生扶剋洩，產生了元神的吉凶禍福稱之。間接幫忙或拖累於天運對大運的生扶剋洩關係。

10.大運：即算幾歲時的命運。大運行運期間，大運數所產生的靈動象意和被天運五行生扶剋洩所產生的大運氣勢及被流年五行生扶剋洩所產生的大運運勢，統稱大運。

五之一、★算命之認知與步步演練篇（B）——進入算命篇

①大運象意篇

◎北市長候選人柯文哲生於民國48年8月6日今年55歲，走大運5（是49~60歲行運），大運數是23，象意靈動是：俱首領之勢，功名顯達（查81數之靈動與象意，本書四之四）

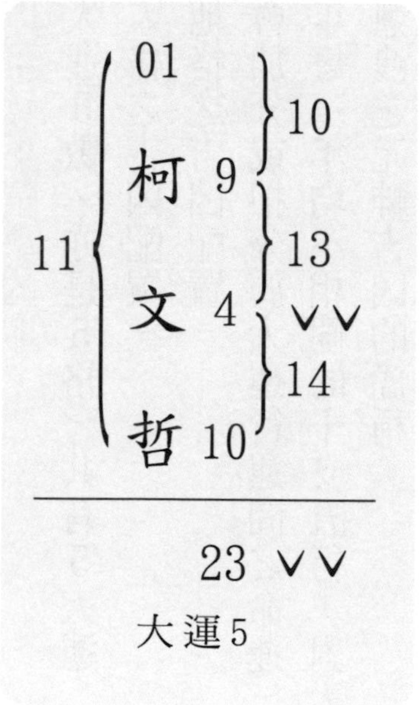

◎北市長候選人，連勝文生於民國59年2月3日，今年44歲，走大運4（是37～48歲行運）大運數是5，象意靈動是：福德數，能一舉成名。

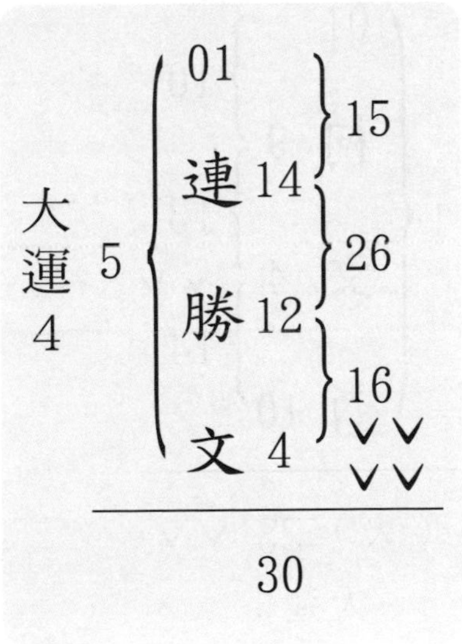

②大運氣勢篇

◎已知柯文哲生於48.8.6，查本書六，知干支巳亥天運五行屬木，木生大運數23之火，代表鴻運高照，事事如意（查本書二，生扶剋洩篇）之大運氣勢。

11		01	
			10
	柯	9	
			13
	文	4	∨∨
			14
	哲	10	

（火）23 ∨∨

大運5

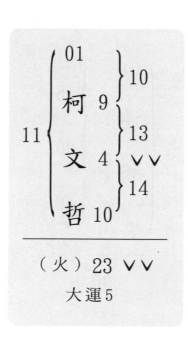

◎已知連勝文生於59.2.3，查萬年曆（本書八之二）知庚戌立春前，取己酉年干支五行屬土，土扶大運數5之土，代表有所進展，扶持一把之大運氣勢。

大運數 5（土）		01	15
	連	14	26
	勝	12	16
	文	4	
		30	

③大運運勢篇（查本書二之一）

◎柯：天運五行屬木，木生大運23之火，鴻運高照，而流年運（見左）走：突破萬難的大運運勢（甲午金反剋大運23數之火）

	01		
			10
	柯 9		
11			13
	文 4		∨∨
			14
	哲 10		

（火）23 ∨∨

大運行運

流年（103年）甲午干支五行屬金，流年五行金反剋23數之火，反剋：有突破萬難的勇氣。

◎連：天運五行屬土，土扶大運數5之土，有所進展，而流年運（見左）走：大運停損的大運運勢（被洩代表大運停損）。

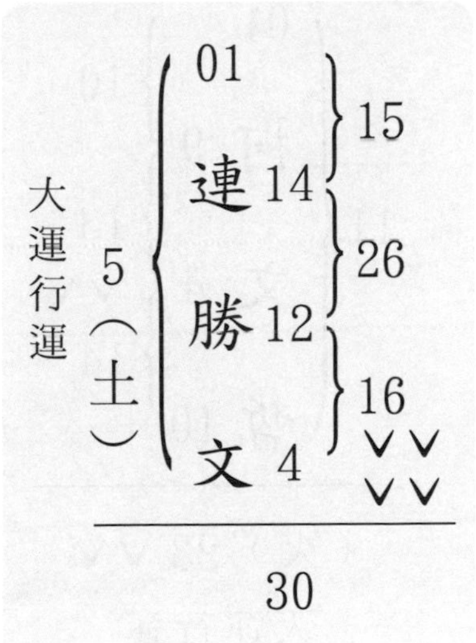

流年（103年）甲午干支五行屬金，流年金洩土，大運土被洩，大運運勢走：大運停損。

④元神吉凶篇

◎柯生於48.8.6天運五行己亥屬木，而今年103年干支甲午屬金，金剋木，元神傷重。（元神吉凶查本書二之一）

01
} 10
柯 9
} 13
文 4 ∨∨
} 14
哲 10

11（外格）

（火）23 ∨∨

大運行運

◎連勝文生於59年2月3日干支己酉五行屬土，而今年103年干支甲午屬金，金洩土，元神受損。

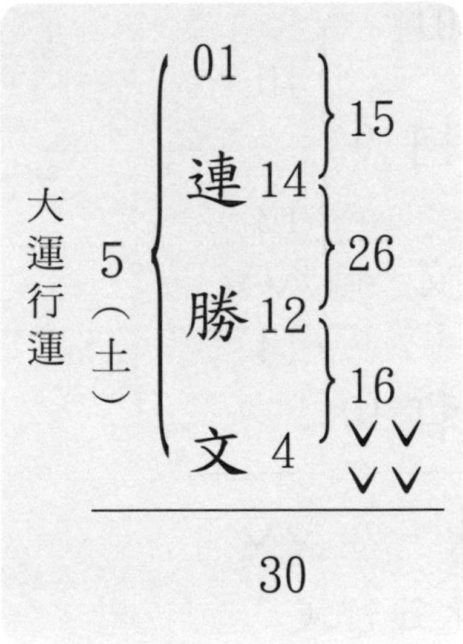

⑤預測篇

◎柯：①大運象意：強烈首領，功名顯達。

②大運氣勢：鴻運高照。

③大運運勢：突破萬難。

④元神吉凶：元神傷重。

⑤預測：看好當選（103.10.23）

	01		
			10
	柯	9	
11			13
	文	4	∨∨
			14
	哲	10	

（火）㉓ ∨∨

大運行運

◎連：①大運象意：一舉成名。

②大運氣勢：有所進展。

③大運運勢：大運停損（等待機會）

④元神吉凶：元神受損。

⑤預測：等待機會（大運能一舉成名，惜欠缺首領之姿）

大運行運 ⑤

	01	
		15
連	14	
		26
勝	12	
		16
文	4	
	30	

五之二、算命之認知與步步演練篇（C）——大運行運之生扶剋洩篇。

分**大運氣勢**（即天運五行對大運行運之生扶剋洩）與流年五行對大運行運之生扶剋洩，稱**大運運勢**共2篇。

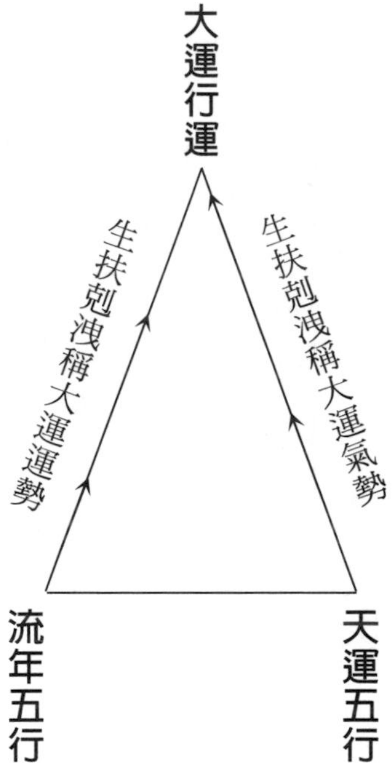

1.大運氣勢篇，以52金馬影帝陳建斌為例。陳生於1970.6.27，查天運五行是庚戌陽金。大運13數為首領數，象意：富貴榮華。

①生

②扶

③剋

④反剋：金反剋13之火，突破萬難，水到渠成（大運氣勢）

⑤被洩

（大運氣勢）

		01
陳	16	
建	9	13 大運 4
斌	12	
	37	

（44歲之大運）

◎範例：假如陳之天運五行是木，木生大運數13之火。

①生：鴻運高照，掌順風旗（大運氣勢）

（大運氣勢）

②扶

③剋

④反剋

⑤被洩

		01
∨∨	陳	16
13		
大運44歲之行運	建	9
	斌	12
		37

◎範例：假如陳之天運五行是火，火扶大運數之火。

（大運氣勢）

①生
②扶：有所進展，喜事有得（大運氣勢）
③剋
④反剋
⑤被洩

		01
∨∨	陳	16
13 大運行運	建	9
	斌	12
		37

◎範例：假如陳之天運五行是水，水剋13數之火。

（大運氣勢）

①生
②扶
③剋：大運受傷，氣勢走低（大運氣勢）
④反剋
⑤被洩

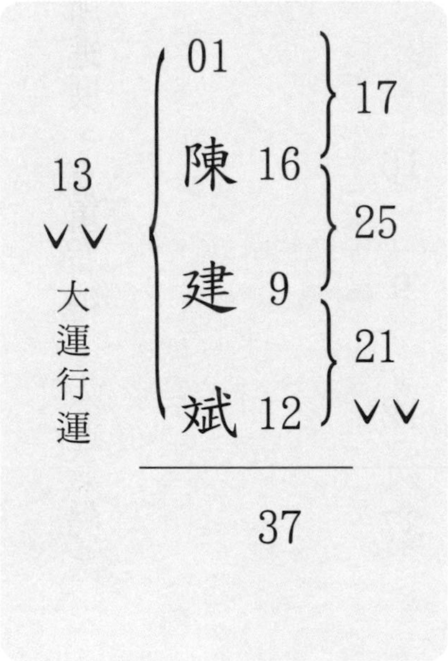

◎範例：假如陳之天運五行是土，土洩13數之火（火是被洩）。

（大運氣勢）

①生
②扶
③剋
④反剋
⑤被洩：等待機會，養精蓄銳（大運氣勢）

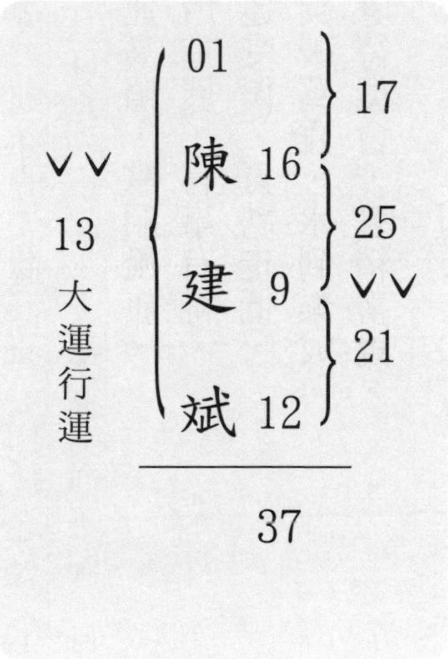

◎範例：假如你的大運5數和陳建斌相同，姓名不同，且大運行運又走37～48間的某一歲，則你的大運行運走13數之火，大運象意：首領、榮華富貴。而天運五行各人不同，大運氣勢亦不同，見左：

①（大運氣勢）

①生：鴻運高照，掌順風旗。
②扶：有所進展，喜事有得。
③剋：大運受傷，氣勢走低。
④反剋：突破萬難，水到渠成。
⑤被洩：等待機會，養精蓄銳。

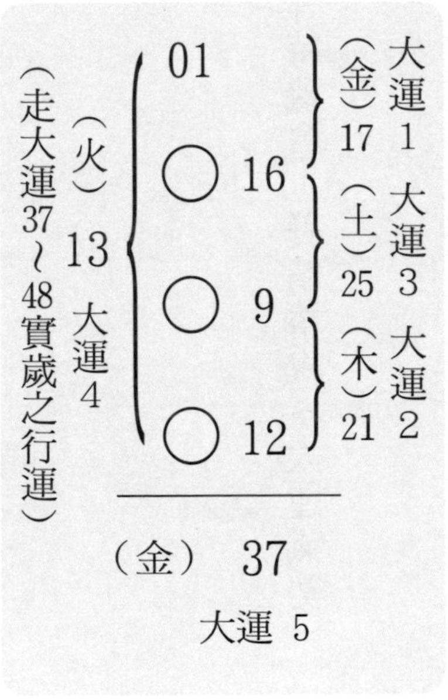

2.大運運勢篇

再以陳建斌為例，大運氣勢走：水到渠成，而今年（103）甲午年，干支五行為陽金，金反剋大運數13之火，代表衝破難關。

（大運運勢）

①生
②扶
③剋：
④反剋：衝破難關。
⑤被洩

01		17
陳	16	
		25
建	9	
		21
斌	12	
37		

∨∨13大運行運（走實歲37～48）

◎範例：假如，假如今年是木年木生火，火年、火扶火，水年水剋火，土年土洩火，得如左之大運運勢：

①生：吉祥如意。

②扶：運勢如意。

③剋：運勢不吉。

④反剋：衝破難關（今年甲午陽金，反剋13數之火）。

⑤被洩：運勢停損。

②（大運運勢）

		01
∨∨	陳	16
13 大運行運	建	9
	斌	12
		37

3.元神吉凶篇（即流年五行對天運五行之生扶剋洩）。

知道①大運氣勢②大運運勢③元神吉凶，加上④大運行運之象意，則大運之命運吉凶便明朗化。

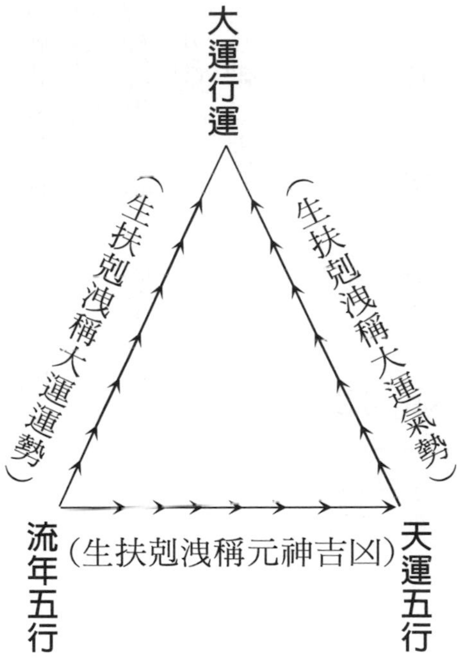

◎天運五行（即生年干支之五行）金木水火土各人不一樣，（流年五行金扶金，金剋木，金生水，金反剋火，金洩土）。流年五行生扶剋洩天運五行之元神吉凶如左（以今年甲午干支五行屬金為例子）：

①生：元神吉喜相伴，喜事臨門。

②扶：喜事降臨。

③剋：元神傷重；防有病至。

④反剋：元神不安。

⑤被洩：元神受損。

③（元神吉凶）

01
陳 16
建 9
斌 12
———
37

>> 13 大運行運

（元神吉凶：金扶金：喜事降臨）

◎知道①大運氣勢②大運運勢③元神吉凶④大運象意，即得知陳建斌或姓名不同，大運5數均相同（且走37～48歲之大運行運）的命運吉凶。

④（大運象意）

大運象意指大運行運之大運數的吉凶靈動，有1至80數，各各象意不同，而陳建斌及你（相同範例）的大運數13之象意：首領，富貴榮華。

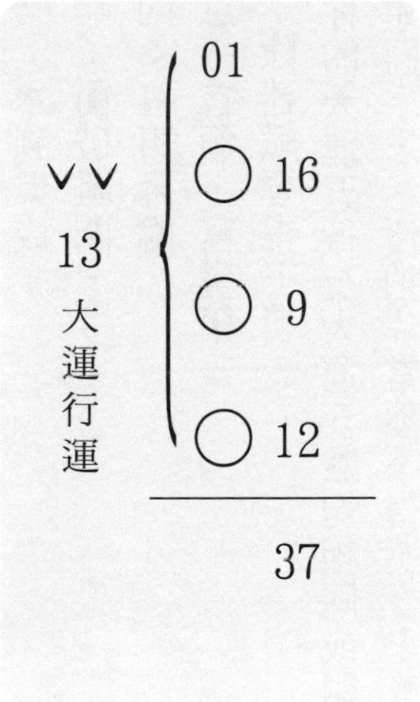

◎陳建斌奪得52屆金馬獎最佳男主角，最佳男配角，最佳新導演共三獎項，查命運盤吉凶如左：

①大運氣勢：水到渠成。

②大運運勢：衝破難關。

③元神吉凶：喜事降臨。

④大運象意：首領，富貴榮華。

（實例）：陳建斌奪得三獎。

★（大運行運）

（範例）：假如你的天運五行及大運5數均相同或類同，則你的大運行運亦類同……（沒拍片當然不得獎……或許得其它獎）

★答案篇與預測篇：陳建斌奪得三獎項，是算命之認知與步步演練的答案篇，而預測政治人物當選亦是如此推論。筆者預測中柯文哲當選台北市長（請翻看算命之認知與步步演練篇，⑤預測篇），現在整理一下：

（柯文哲生於48.8.6天運五行己亥陰木）

①大運氣勢（生）：強而有利。

②大運運勢（反剋）：衝破難關。

③元神吉凶（金剋木）：元神傷重。

④大運象意（23數）：俱首領，功名顯達。

★（大運行運）

	01		
			10
	柯	9	
11			13
	文	4	
			14
	哲	10	
		23 ∨∨	

大運行運

★（大運行運）

（連勝文生於59.2.3.天運五行己酉陰土）

①大運氣勢（扶）：強而有利。

②大運運勢（被洩）：運勢停損。

③元神吉凶（被洩，金洩土）：元神受損。

④大運象意（5數）：一舉成名（沒首領數）

大運行運 5

01
連 14
勝 12
文 4

30

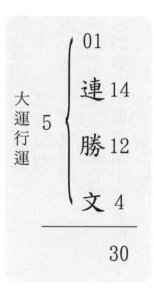

◎預測篇為何柯文哲勝，連勝文沒勝？

★（大運行運互比）

柯：大運23數為強烈首領數，功名顯達。元神傷重（走遍人群握手，當然比當醫生，傷元神傷得重）

連：大運5數雖能一舉成名，惜不足為首領，又大運運勢（金洩土）運勢停損。

二者大運行運，高下立判（103.11.29）

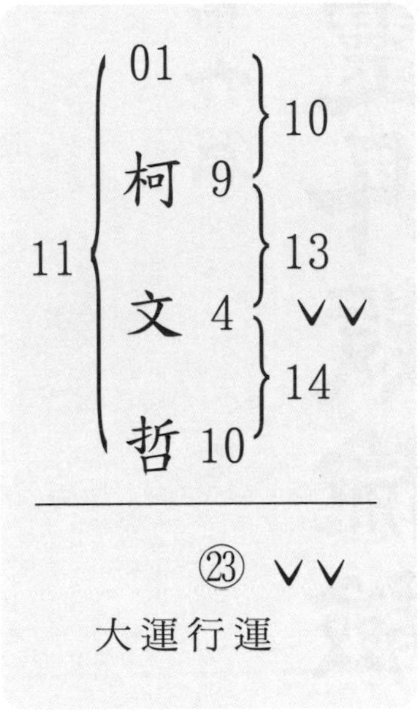

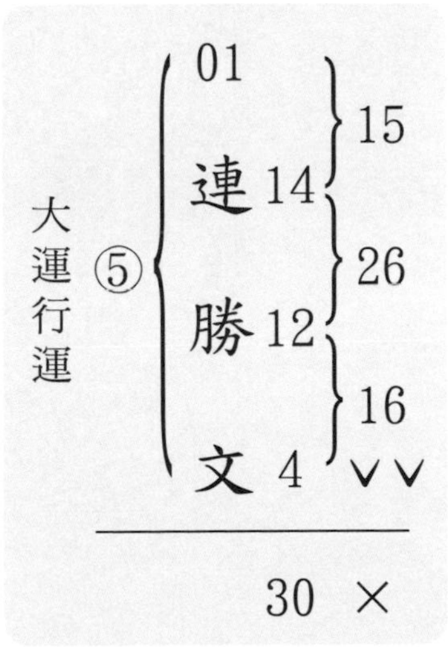

第六篇

靈丹數檢驗 盒馬52得獎人

六、靈丹數檢驗金馬52得獎人

★大運5數（即五格）之靈丹數是豐財數與首領數。二者兼俱最好，至少要有其一。豐財數是豐有財富數，首領數是首領一方數。一有財，一是首領一方，活動力強，自是財源滾滾，而財是養命之源。

先看：81數之靈動象意（四之四）四二數內的詳述

再看：年年均有金馬獎，年年均有名人出席聚會。以金馬52為例，每個得獎人、頒獎人，列席人或大會裡出現的出名人物，個個均有靈丹數。

◎終身成就獎，田豐俱首領數（ⅴⅴ代表）23二個：

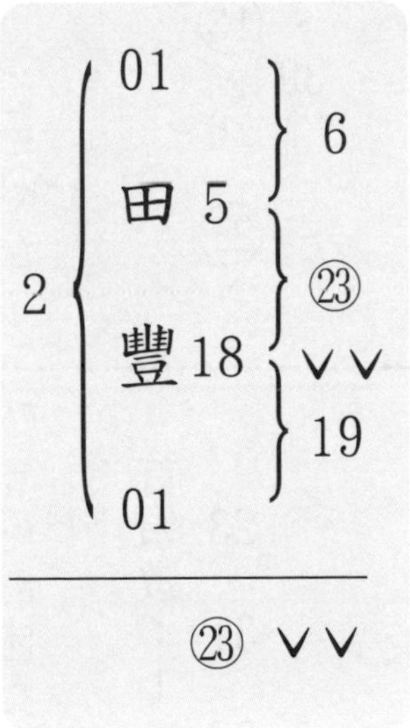

◎奪得最佳男主角，最佳男配角，最佳新導演共得3獎的陳建斌亦有2個首領數。

首領數：1、3、⑬、16、㉑、23、31、32、33、39

		01	
	陳	16	17
⑬ ∨∨	建	9	25
	斌	12	㉑ ∨∨
		37	

* * *

◎奪得最佳女配角獎萬茜亦有2首領數

首領數：1、3、⑬、⑯、21、23、31、32、33、39

		01	
	萬	15	⑯ ∨∨
2	茜	12	∨∨ 27
		01	⑬
		27	

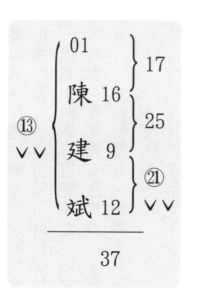

◎奪得最佳視覺效果獎2人組梁展鋒與唐家偉亦各有2個首領數。

首領數：1、3、13、⑯、㉑、23、31、32、33、39（梁）

首領數：1、3、13、16、㉑、23、㉛、32、33、39（唐）

⑯ ∨∨∨∨
01
梁 11
展 10
鋒 15
12
㉑ ∨∨
25
36

12
01
唐 10
家 10
偉 11
11
20
㉑ ∨∨
㉛ ∨∨

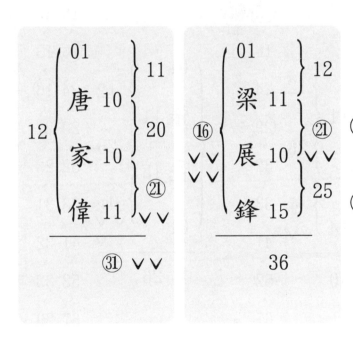

◎奪得最佳新演員獎張磊有1首領數16，兼豐財數（∨∨代表）

首領數：1、3、13、⑯、21、23、31、32、33、39

豐財數：1、15、⑯、24、29、32、33、41、52、67、81

2	01	
		12
	張 11	
		26
	磊 15	
		⑯ ∨∨ ∨∨
	01	
	26	

◎最佳導演獎許鞍華有2豐財數。

豐財數：1、⑮、16、24、㉙、32、33、41、52、67、81

	01	
		12
	許 11	
⑮ ∨∨		26
	鞍 15	
		㉙ ∨∨
	華 14	
	40	

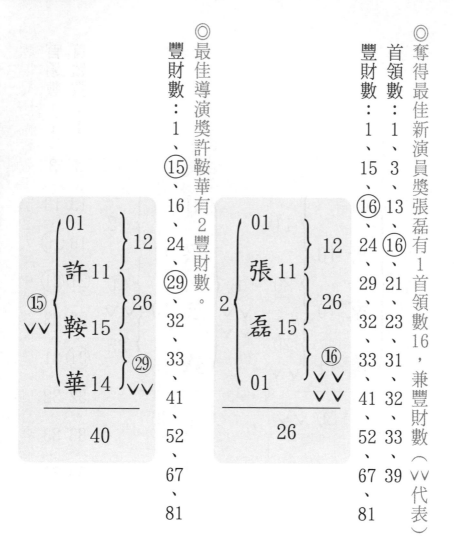

◎得年度台灣傑出電影工作者獎的黃志明有1豐財數和1首領數。

豐財數（√√）：1、⑮、16、24、29、32、33、41、52、67、81

首領數（√√）：1、3、⑬、16、21、23、31、32、33、39

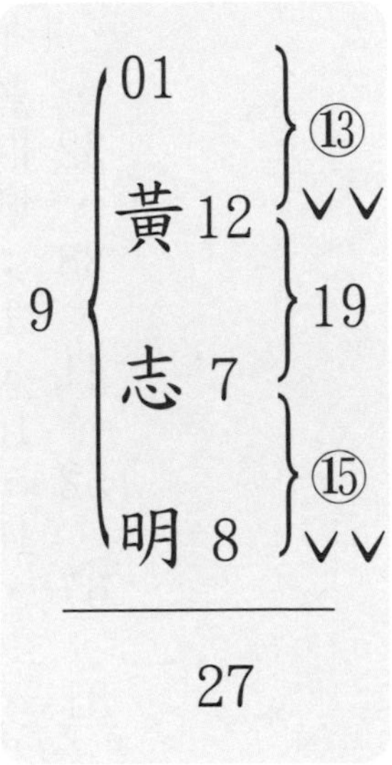

◎年度台灣傑出電影工作者獎頒獎人魏德聖（賽德克巴萊導演）有：

首領數：1、3、13、16、21、23、31、32、㉝、39

豐財數：1、15、16、24、29、32、㉝、41、52、67、81

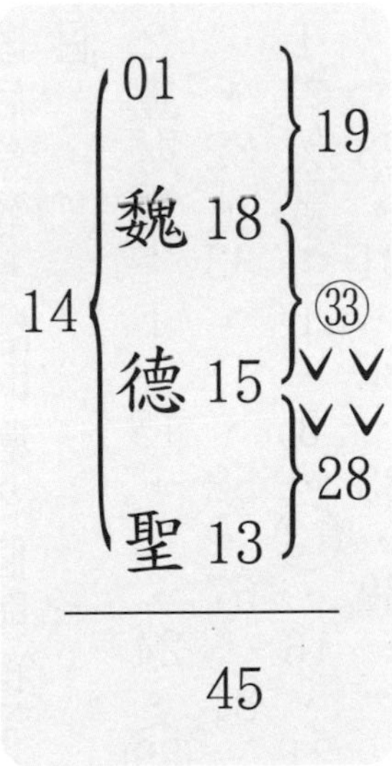

◎得最佳女主角獎陳湘琪有1豐財數

1豐財數：1、15、16、24、㉙、32、33、41、52、67、81

01
陳 16
湘 13
琪 13

14（外）
17
㉙
26

42

◎最佳女主角獎陳湘琪口中的恩人——歌后蔡琴有豐財數2個與首領數1個。

2豐財數：1、15、16、24、㉙、32、33、41、52、67、81

1首領數：1、3、⑬、16、21、23、31、32、33、39

01
蔡 17
琴 12
01

2（外）
18
㉙ ∨∨
13 ∨∨

㉙ ∨∨

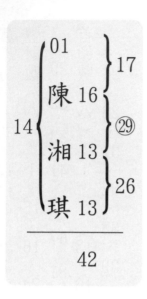

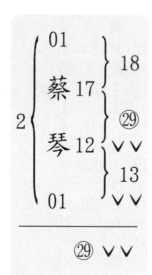

◎最佳女配角頒獎人李康生（50屆金馬影帝）有2個首領數，1個豐財數。

2首領數：1、3、13、⑯、21、㉓、31、32、33、39

1豐財數：1、15、⑯、24、29、32、33、41、52、67、81

	01		
			8
	李	7	
6			18
	康	11	
			⑯
	生	5	∨∨ ∨∨

㉓ ∨∨

◎典禮中演唱，歌神張學友，有1首領數。

1首領數：1、3、13、16、21、23、㉛、32、33、39

	01		
			12
	張	11	
5			27
	學	16	
			20
	友	4	

㉛ ∨∨

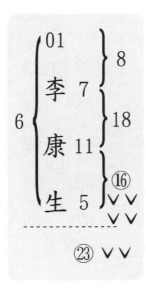

◎典禮中演唱，名歌星林志炫，有1首領數，3豐財數。

1首領數：1、3、13、⑯、21、23、31、32、33、39

3豐財數：1、⑮、⑯、㉔、29、32、33、41、52、67、81

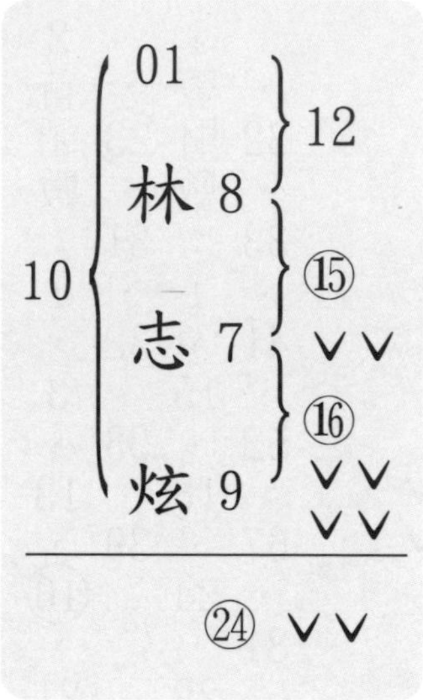

◎最佳劇情片頒獎人張艾嘉有1豐財數

豐財數：1、⑮、16、24、29、32、33、41、52、67、81

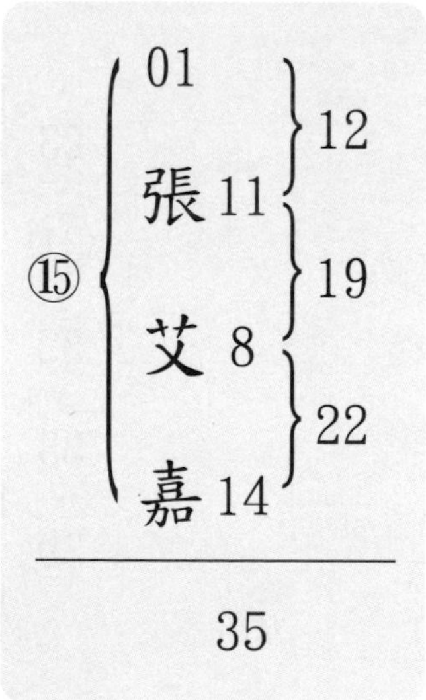

★大運5數（即五格）沒靈丹數（首領數與豐財數），數理不吉，成功運，基礎運亦不吉（即命運盤不吉），則命運不佳。

×豐財數：1、15、16、24、29、32、33、41、52、67、81

×首領數：1、3、13、16、21、23、31、32、33、39

1.（範例）

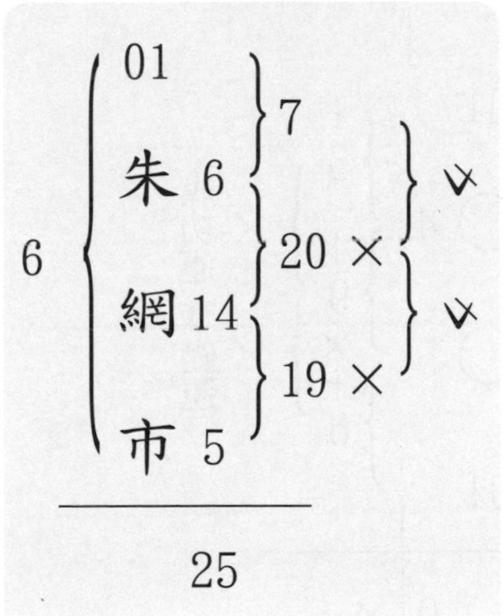

◎範例：是範本的例子（例如；假設）

實例：是實在的例子（真有其人）。短命夭折（9數凶象意，加上成功運與基礎運均凶，一水被雙土夾攻，且雙剋水）。

2.（過往者實例）

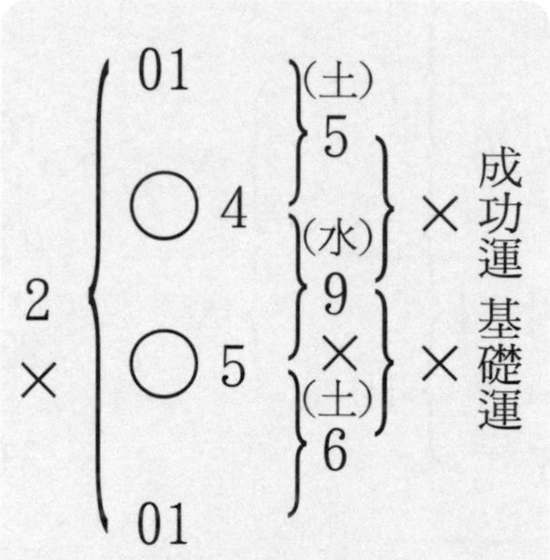

◎沒豐財數與首領數，只要大運五數是天運五行之生扶數，仍可平安過一生。實例者之天運五行，甲午屬金，49～60歲（走大運5數）大運被天運所洩，氣勢受損期間，防木年之流年，木剋25數土，運勢受傷，有投資者易損失，賠得哀哀叫。

3.（實例）

	01			
			9	（生）
	林	8		
（生）9			17	（扶）
	春	9		
			17	（扶）
	明	8		

大運 5　25（被洩）

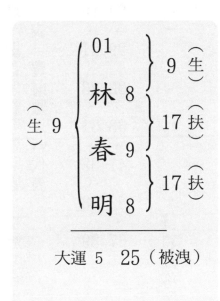

六之一靈丹數檢驗台灣9合1縣市長當選人與落選人

★答案篇以姓名靈丹數（即首領數與豐財數）檢驗9合1選舉之縣市長部分：首領數以∨∨代表，豐財數以∨∨代表

◎6都台北市：

首領數：3、13、16、21、23、31、32、33、39

豐財數：15、16、24、29、32、33、41、52、67

（2首領數當選）

（台北市）

01
柯 9 → 10
文 4 → ⑬ ∨∨
哲 10 → 14
11

㉓ ∨∨

（1首領數落選）

01
連 14 → 15
勝 12 → 26
文 4 → ⑯ ∨∨
5

30

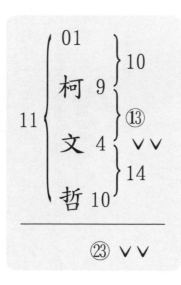

◎6都新北市：

首領數：3、13、16、21、23、31、32、33、39

（1首領1豐財當選）

（1豐財沒首領落選）

（新北市）

11	01		
			7
	朱	6	
			11
	立	5	
			15
	倫	10	∨∨
		㉑ ∨∨	

12	01		
			14
	游	13	
			㉙ ∨∨
	錫	16	
			27
	堃	11	
		40	

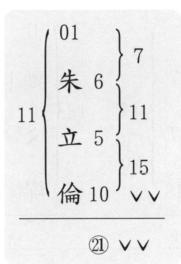

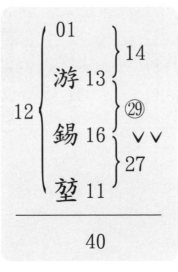

◎6都桃園市：

（桃園市）

	01		
			8
	吳	7	
14			14
	志	7	
			20
	揚	13	
		27	

（沒首領數落選）

	01		
			20
	鄭	19	
18			㉓
	文	4	˅˅
			㉑
	燦	17	˅˅
		40	

（2首領數當選）

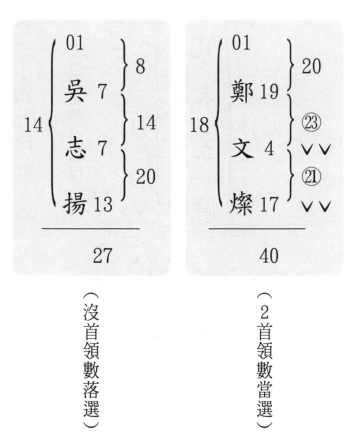

◎6都台中市：

（台中市）

	01		
			10
	胡 9		
12			⑯ ∨∨∨∨
	志 7		
			18
	強 11		
	27		

（1首領數兼1豐財數落選）

	01		
			9
	林 8		
17			⑯ ∨∨∨∨
	佳 8		
			24
	龍 16		∨∨
	㉜ ∨∨∨∨		

（2首領數3豐財數當選）

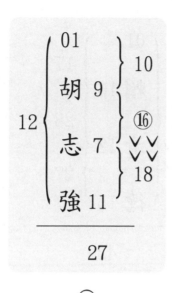

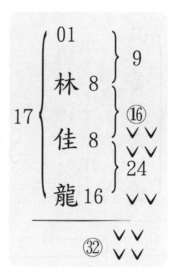

◎6都台南市：

（台南市）

	01		
			13
	黃	12	
			19
18	秀	7	
			24
	霜	17	∨∨
		36	

（1豐財數沒首領數落選）

	01		
			17
	賴	16	
			28
⑯ ∨∨∨∨	清	12	
			27
	德	15	
		43	

（1首領數1豐財數當選）

（高雄市）

17	01		
			14
	楊	13	
			22
	秋	9	
			25
	興	16	
	38		

（沒首領數沒豐財數落選）

2	01		
			17
	陳	16	
			30
	菊	14	
			15
	01		∨∨
	30		

（沒首領數有1豐財數當選）

（基隆市）

	01		
			18
	謝	17	
9			22
	立	5	
			10
	功	5	

27

（落選）

	01		
			9
	林	8	
9			⑬
	右	5	VV
			⑬
	昌	8	VV

㉑ VV

（有3首領數當選）

（新竹縣）

9 ｛01 ｝20
鄭19 ｝24
永5 ˇˇ ｝⑬
金8 ˇˇ

32 ˇˇ ˇˇ

（2首領數被4首領比下去，落選）

⑬ ˇˇ ｛01 ｝⑬
邱12 ˇˇ ｝㉛
鏡19 ˇˇ ｝㉛
淳12 ˇˇ

43

（有4首領數當選）

（新竹市）

外	字	畫數	合計
		01	
			12
	許	11	
			19
11			
	明	8	
			18
	財	10	
總		29 ∨∨	

（沒首領數落選）

外	字	畫數	合計
		01	
			9
	林	8	
			20
⑬ ∨∨			
	智	12	
			24
	堅	12	∨∨
總		㉜ ∨∨ ∨∨	

（2首領數當選）

政治數：以✓°代表，首領數：以✓✓代表，豐財數以✓✓代表

（苗栗縣）

9
徐 01 10 → 11
耀 20 → 30
昌 8 → 28 ✓°
38 ✓°

（2政治數當選）

17 ✓°
吳 01 7 → 8 ✓°
宜 8 → 15 ✓✓
臻 16 → 24 ✓✓
㉛ ✓✓

（1首領2豐財2政治數落選——見本書(二)）

（彰化縣）

	01		
		9	
	林 8		
12		22	
	滄 14		
		25	
	敏 11		
		㉝	VV

（1首領數被比下去落選）

	01		
		19	
	魏 18		
8		24	
✓	名 6		VV
		⑬	
	谷 7		VV
		㉛	VV

（2首領數當選）

（南投縣）

	01	
		8✓°
	李 7	
9		11
	文 4	
		12
	忠 8	
	19	

（落選）

	01	
		9
	林 8	
15 ✓✓		⑯ ✓✓ ✓✓
	明 8	
		22
	溱 14	
	30	

（各1首領數，豐財數當選）

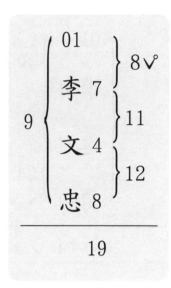

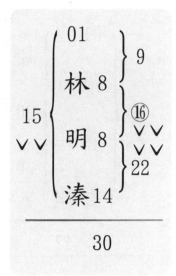

（雲林縣）

外	姓名	畫數	格
		01	○ 8
	李	4	22
10	進	15	24 ∨∨
	勇	9	
		㉛ ∨∨	

（1首領數1豐財數當選）

外	姓名	畫數	格
		01	12
	張	11	30
⑬ ∨∨	麗	19	㉛ ∨∨
	善	12	
		42	

（2首領數卻落選，請看本書（二））

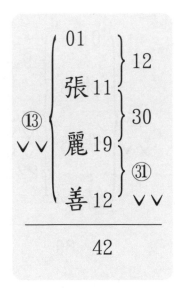

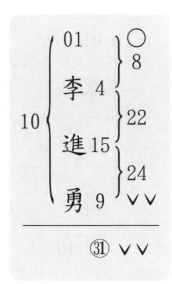

（嘉義縣）

01
12
張 11
10 ㉑ ∨∨
花 10
19
冠 9

30

（1首領當選）

01
11
翁 10
⑬ ∨∨ 19
重 9
㉑
鈞 12 ∨∨

㉛ ∨∨

（3首領落選——請看本書㈡）

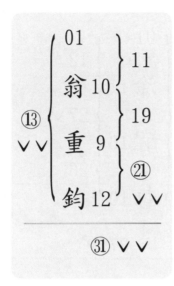

◎政治數：7、8、17、18、27、28、37、38、47、48、57、58，以✓°代表

（嘉義市）

11	01		
	涂 11	12	
	醒 16	27	✓°
	哲 10	26	
總	37	✓°	

（2政治數當選）

11	01		○
	陳 16	17	
	以 5	㉑	✓✓
	真 10	15	
總	㉛	✓✓	

（2首領數落選——請看本書㈡）

（屏東縣）

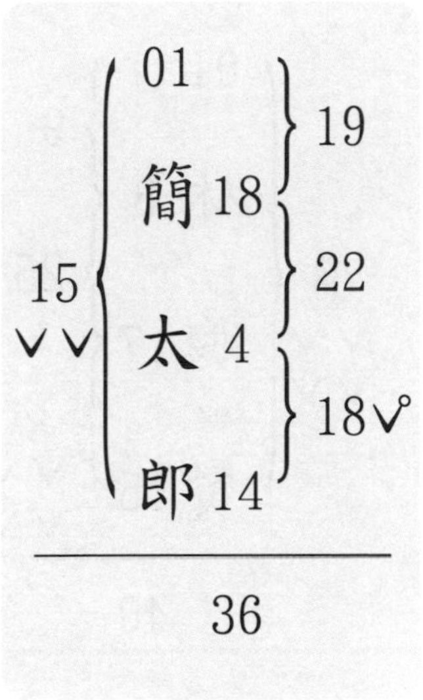

（1豐財政1政治數被比下去，落選）

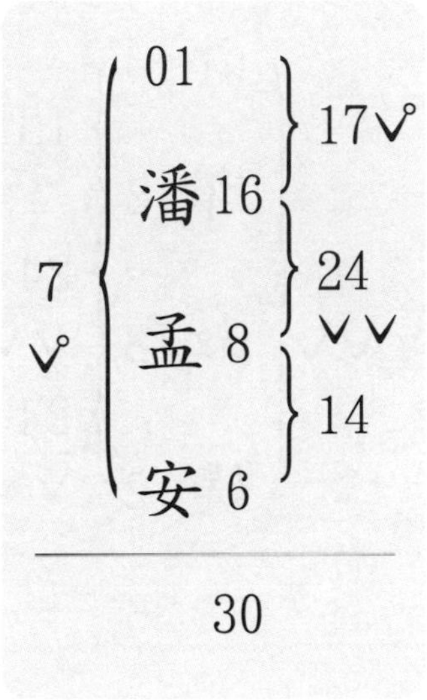

（1豐財數，2政治數當選）

（宜蘭縣）

	01		
		13	
	邱 12		
⑬ ∨∨		24	
	淑 12	∨∨	
		24	
	媞 12	∨∨	
	36		

	01		
		9	
	林 8		
⑯ ∨∨ ∨∨		25	
	聰 17		
		㉜ ∨∨ ∨∨	
	賢 15		
	40		

（1首領數2豐財數落選）

（各2首領數2豐財數當選）

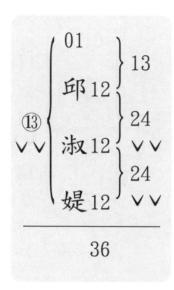

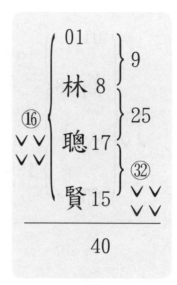

（花蓮縣）

	01	
		18✓
	蔡 17	
14		28✓
	啟 11	∨∨
		24
	塔 13	∨∨
	41 ∨∨	

（2豐財數沒首領數落選）

	01	
		⑬
	傅 12	∨∨
15		㉓
∨∨	崑 11	∨∨
		25
	萁 14	
	37 ✓	

（2首領數1豐財數當選）

（台東縣）

15 ∨∨ {01 / 劉15 / 櫂18 / 豪14}

01+劉15 ⑯ ∨∨
劉15+櫂18 ∨∨ ㉝ ∨∨
櫂18+豪14 ∨∨ ㉜ ∨∨
豪14 ∨∨

47 ○

（3首領數被4首領數比下去落選）

11 {01 / 黃12 / 健11 / 庭10}

01+黃12 ⑬ ∨∨
黃12+健11 ㉓ ∨∨
健11+庭10 ㉑ ∨∨

㉝ ∨∨ ∨∨

（4首領數當選）

（澎湖縣）

01
陳 17　18 ○
光 6　㉓ ∨∨
復 12　18 ○
⑬ ∨∨
35

（2首領數當選）

01
蘇 22　㉓ ∨∨
崑 11　㉝ ∨∨
雄 12　㉓ ∨∨
⑬ ∨∨
45

（4首領數落選——請見本書(二)）

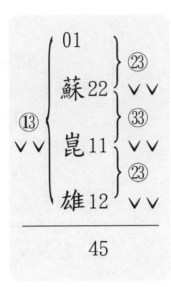

（金門縣）

		01	
			8 √°
	李	7	
4			15
	沃	8	√√
			11
	士	3	

18 √°

（1豐財數2政治數落選——請見本書(二)）

		01	
			17√°
	陳	16	
12			30
	福	14	
			25
	海	11	

41 √√

（1豐財數1政治數當選）

（連江縣）

```
     01
         } 14
     楊13
         } 26
6    綏13
         } 18✓
     生 5
─────────────
     ㉛ ✓✓
```

（1首領數落選）

```
     01
         } ⑯ ✓✓
     劉15
         } ✓✓ 29
18✓  增14
         } ✓✓ ㉛
     應17  ✓✓
─────────────
     46
```

（2首領數當選）

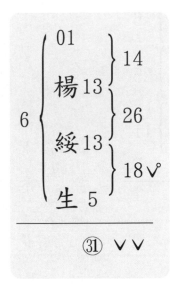

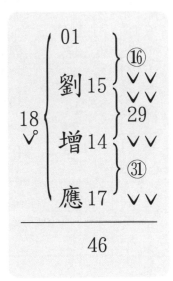

◎103 年台灣9合1選舉，22縣市長選舉有16位當選者均有靈丹數（首領數，豐財數），均由無形的姓名化做有形的人，當選且上電視或城鄉，鄰里問答謝，誰說無形的好壞數理沒有靈動？韓國的首都由漢城改為首爾，結果一炮而紅，原因是人格與總格23首領數的靈動

	01	
		16
漢	15	
		25
城	10	
		11
	01	
	25	

	01	
		10
首	9	
		㉓ ∨∨
爾	14	
		15 ∨∨
	01	
	㉓ ∨∨	

◎由以上22縣市共44人之互比而當選或落選為縣市長，由52屆金馬獎之得獎人，和社會上賢達，出名人士（見四二數內的詳述統計），幾乎人人有首領數豐財數之靈丹數。只要把天運五行決定好，然後取靈丹數，你的子孫不成功也會成名，沒錢也會變成有錢人。聰明的你買一本自己看，另外買一本（或多本）贈予兒女人人一本，勝過他們在社會上跌跌

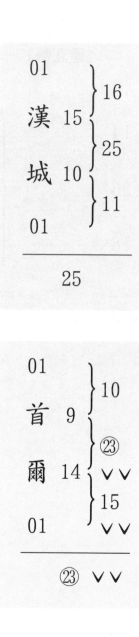

撞撞，醒過來已是百年頭。

（靈丹數）：

首領數：1、3、13、16、21、23、31、32、33、39、81

豐財數：1、15、16、24、29、32、33、41、52、67、81

第七篇

姓名命盤之吉祥配置

七、姓名命盤（即大運5數）之吉祥配置

劃數	一劃數之姓	
姓氏	乙	
範例	5 { 01, 1, 2, 4 } 01+1 } 2 1+2 } 3 2+4 } 6 ——— 7	15 { 01, 1, 2, 14 } 01+1 } 2 1+2 } 3 2+14 } 16 ——— 17
	23 { 01, 1, 10, 22 } 01+1 } 2 1+10 } 11 10+22 } 32 ——— 33	5 { 01, 1, 12, 4 } 01+1 } 2 1+12 } 13 12+4 } 16 ——— 17
	11 { 01, 1, 22, 10 } 01+1 } 2 1+22 } 23 22+10 } 32 ——— 33	15 { 01, 1, 10, 14 } 01+1 } 2 1+10 } 11 10+14 } 24 ——— 25

一　劃　數　之　姓

乙		
	5 01 } 2 1 } 21 20 } 24 4 ——— 25	13 01 } 2 1 } 21 20 } 32 12 ——— 33
		23 01 } 2 1 } 3 2 } 24 22 ——— 25
		3 01 } 2 1 } 23 22 } 24 2 ——— 25

二　劃　數　之　姓

丁、卜、力、匕、乃、刀

5 {01, 2, 19, 4} 3, 21, 23 25	11 {01, 2, 13, 10} 3, 15, 23 25	3 {01, 2, 4, 2} 3, 6, 6 8
11 {01, 2, 1, 10} 3, 3, 11 13	13 {01, 2, 3, 12} 3, 5, 15 17	13 {01, 2, 4, 12} 3, 6, 16 18
11 {01, 2, 11, 10} 3, 13, 21 23	24 {01, 2, 14, 23} 3, 16, 37 39	11 {01, 2, 3, 10} 3, 5, 13 15

二　劃　數　之　姓

丁、卜、力、匕、乃、刀

21 01 / 2 / 1 / 20 3 / 3 / 21 23	15 01 / 2 / 9 / 14 3 / 11 / 23 25	15 01 / 2 / 23 / 14 3 / 25 / 37 39
13 01 / 2 / 9 / 12 3 / 11 / 21 23	15 01 / 2 / 19 / 14 3 / 21 / 33 35	25 01 / 2 / 13 / 24 3 / 15 / 37 39
23 01 / 2 / 9 / 22 3 / 11 / 31 33	21 01 / 2 / 11 / 20 3 / 13 / 31 33	5 01 / 2 / 9 / 4 3 / 11 / 13 15

<table>
<tr><td colspan="3" align="center">二　劃　數　之　姓</td></tr>
<tr><td colspan="3" align="center">丁、卜、力、匕、乃、刀</td></tr>
<tr><td></td><td>01 } 3
2 } 5
21 { 3 } 23
20
——
25</td><td>01 } 3
2 } 15
3 { 13 } 15
2
——
17</td></tr>
<tr><td></td><td>01 } 3
2 } 21
13 { 19 } 31
12
——
33</td><td>01 } 3
2 } 11
3 { 9 } 11
2
——
13</td></tr>
<tr><td></td><td>01 } 3
2 } 16
3 { 14 } 16
2
——
18</td><td>01 } 3
2 } 21
3 { 19 } 21
2
——
23</td></tr>
</table>

三　劃　數　之　姓		
于、干、上、山、女、千、三、己、士、弓、子		
23 {01, 3, 10, 22} 4, 13, 32 35	3 {01, 3, 3, 2} 4, 6, 5 8	3 {01, 3, 13, 2} 4, 16, 15 18
6 {01, 3, 13, 5} 4, 16, 18 21	23 {01, 3, 13, 22} 4, 16, 35 38	13 {01, 3, 3, 12} 4, 6, 15 18
15 {01, 3, 18, 14} 4, 21, 32 35	24 {01, 3, 12, 23} 4, 15, 35 38	6 {01, 3, 8, 5} 4, 11, 13 16

三 劃 數 之 姓

于、干、上、山、女、千、三、己、士、弓、子

17 {01, 3, 2, 16} 4, 5, 18 = 21	13 {01, 3, 20, 12} 4, 23, 32 = 35	6 {01, 3, 3, 5} 4, 6, 8 = 11
11 {01, 3, 3, 10} 4, 6, 13 = 16	24 {01, 3, 22, 23} 4, 25, 45 = 48	16 {01, 3, 3, 15} 4, 6, 18 = 21
25 {01, 3, 8, 24} 4, 11, 32 = 35	7 {01, 3, 2, 6} 4, 5, 8 = 11	7 {01, 3, 12, 6} 4, 15, 18 = 21

三劃數之姓		
于、干、上、山、女、千、三、己、士、弓、子		
		01 } 4 6 { 3 } 13 10 } 15 5 ――― 18

四 劃 數 之 姓		
王、方、尤、孔、文、牛、尹、毛、卞、元、支、巴、仇、戈、公、云、井、勾、太		
23 01 4 19 22 5 23 41 45	15 01 4 19 14 5 23 33 37	13 01 4 11 12 5 15 23 27
6 01 4 2 5 5 6 7 11	17 01 4 19 16 5 23 35 39	17 01 4 1 16 5 5 17 21
13 01 4 13 12 5 17 25 29	3 01 4 1 2 5 5 3 7	16 01 4 20 15 5 24 35 39

<table>
<tr><th colspan="3">四　劃　數　之　姓</th></tr>
<tr><td colspan="3">王、方、尤、孔、文、牛、尹、毛、卞、元、支、巴、仇、戈、公、云、井、勾、太</td></tr>
<tr>
<td>23 {
01
} 5
4
} 13
9
} 31
22
———
35</td>
<td>6 {
01
} 5
4
} 16
12
} 17
5
———
21</td>
<td>13 {
01
} 5
4
} 25
21
} 33
12
———
37</td>
</tr>
<tr>
<td>3 {
01
} 5
4
} 13
9
} 11
2
———
15</td>
<td>5 {
01
} 5
4
} 13
9
} 13
4
———
17</td>
<td>16 {
01
} 5
4
} 6
2
} 17
15
———
21</td>
</tr>
<tr>
<td>17 {
01
} 5
4
} 25
21
} 37
16
———
41</td>
<td>13 {
01
} 5
4
} 23
19
} 31
12
———
35</td>
<td>23 {
01
} 5
4
} 15
11
} 33
22
———
37</td>
</tr>
</table>

<table>
<tr><th colspan="3">四　劃　數　之　姓</th></tr>
<tr><td colspan="3">王、方、尤、孔、文、牛、尹、毛、卞、元、
支、巴、仇、戈、公、云、井、勾、太</td></tr>
<tr><td></td><td>01 } 5
4 } 17
23 { 13 } 35
22
―――
39</td><td>01 } 5
4 } 7
15 { 3 } 17
14
―――
21</td></tr>
<tr><td></td><td></td><td>01 } 5
4 } 13
13 { 9 } 21
12
―――
25</td></tr>
<tr><td></td><td></td><td>01 } 5
4 } 15
7 { 11 } 17
6
―――
21</td></tr>
</table>

五　劃　數　之　姓		
司、古、甘、史、白、申、田、世、包、石、丘、由、皮、平、左、句、冉、卯、丙、巧、右、召、仙、布、可、正、以、玉		
8 01 }6 5 }6 1 }8 7 13	25 01 }6 5 }13 8 }32 24 37	5 01 }6 5 }17 12 }16 4 21
16 01 }6 5 }23 18 }33 15 38	15 01 }6 5 }15 10 }24 14 29	5 01 }6 5 }25 20 }24 4 29
8 01 }6 5 }16 11 }18 7 23	17 01 }6 5 }13 8 }24 16 29	6 01 }6 5 }13 8 }13 5 18

五 劃 數 之 姓		
司、古、甘、史、白、申、田、世、包、石、丘、由、皮、平、左、句、冉、卯、丙、巧、右、召、仙、布、可、正、以、玉		
7 {01, 5, 12, 6} 6, 17, 18 — 23	6 {01, 5, 3, 5} 6, 8, 8 — 13	15 {01, 5, 2, 14} 6, 7, 16 — 21
	6 {01, 5, 8, 5} 6, 13, 13 — 18	5 {01, 5, 2, 4} 6, 7, 6 — 11
	7 {01, 5, 10, 6} 6, 15, 16 — 21	15 {01, 5, 18, 14} 6, 23, 32 — 37

六　劃　數　之　姓

朱、任、伊、安、米、伏、羊、全、戎、牟、后、百、仲、再、同、危、吉、年、向

15 { 01 / 6 / 19 / 14 } 7 / 25 / 33 —— 39	5 { 01 / 6 / 19 / 4 } 7 / 25 / 23 —— 29	7 { 01 / 6 / 9 / 6 } 7 / 15 / 15 —— 21
16 { 01 / 6 / 10 / 15 } 7 / 16 / 25 —— 31	7 { 01 / 6 / 11 / 6 } 7 / 17 / 17 —— 23	17 { 01 / 6 / 9 / 16 } 7 / 15 / 25 —— 31
24 { 01 / 6 / 10 / 23 } 7 / 16 / 33 —— 39	8 { 01 / 6 / 10 / 7 } 7 / 16 / 17 —— 23	17 { 01 / 6 / 19 / 16 } 7 / 25 / 35 —— 41

六劃數之姓		
朱、任、伊、安、米、伏、羊、全、戎、牟、后、百、仲、再、同、危、吉、年、向		
	25 { 01, 6, 9, 24 } 01+6 } 7 6+9 } 15 9+24 } 33 ――― 39	18 { 01, 6, 12, 17 } 01+6 } 7 6+12 } 18 12+17 } 29 ――― 35
	7 { 01, 6, 19, 6 } 01+6 } 7 6+19 } 25 19+6 } 25 ――― 31	15 { 01, 6, 9, 14 } 01+6 } 7 6+9 } 15 9+14 } 23 ――― 29
	15 { 01, 6, 11, 14 } 01+6 } 1 6+11 } 17 11+14 } 25 ――― 31	6 { 01, 6, 10, 5 } 01+6 } 7 6+10 } 16 10+5 } 15 ――― 21

七　劃　數　之　姓

宋、江、吳、李、杜、何、呂、余、車、巫、成、
谷、池、利、岑、吾、汝、辛、甫、貝、杞

18 01 7 8 17 8　15　25 32	11 01 7 8 10 8　15　18 25	17 01 7 9 16 8　16　25 32
8 01 7 18 7 8　25　25 32	16 01 7 9 15 8　16　24 31	17 01 7 8 16 8　15　24 31
8 01 7 18 7 8　25　25 32	7 01 7 18 6 8　25　24 31	8 01 7 9 7 8　16　16 23

<table>
<tr><th colspan="3">七　劃　數　之　姓</th></tr>
<tr><td colspan="3">宋、江、吳、李、杜、何、呂、余、車、巫、成、
谷、池、利、岑、吾、汝、辛、甫、貝、杞</td></tr>
<tr><td></td><td>01 } 8
7 } 29
11   22 } 32
10
——
39</td><td>01 } 8
7 } 17
7   10 } 16
6
——
23</td></tr>
<tr><td></td><td></td><td>01 } 8
7 } 17
8   10 } 17
7
——
24</td></tr>
<tr><td></td><td></td><td>01 } 8
7 } 18
15   11 } 25
14
——
32</td></tr>
</table>

八　劃　數　之　姓

林、金、官、季、周、汪、岳、孟、宗、
卓、宓、沈、狄、屈、杭、牧、武、幸、
居、艾、盂、於、房、沃

3 01 8 3 2 9 11 5 13	8 01 8 24 7 9 32 31 39	6 01 8 10 5 9 18 15 23
13 01 8 13 12 9 21 25 33	16 01 8 10 15 9 18 25 33	17 01 8 9 16 9 17 25 33
11 01 8 3 10 9 11 13 21	7 01 8 10 6 9 18 16 24	8 01 8 9 7 9 17 16 24

八劃數之姓		
林、金、官、季、周、汪、岳、孟、宗、卓、宓、沈、狄、屈、杭、牧、武、幸、居、艾、盂、於、房、沃		
	17 { 01 / 8 / 13 / 16 } 9 / 21 / 29 37	13 { 01 / 8 / 3 / 12 } 9 / 11 / 15 23
	7 { 01 / 8 / 9 / 6 } 9 / 17 / 15 23	3 { 01 / 8 / 13 / 2 } 9 / 21 / 15 23
		23 { 01 / 8 / 3 / 22 } 9 / 11 / 25 33

九劃數之姓		
段、柯、姚、風、紀、查、柳、姜、韋、侯、施、柏、封、羿、秋、狐、咸、皇、姬、紅、柴、祈、帥		
15 { 01, 9, 2, 14 } 10, 11, 16 25	8 { 01, 9, 8, 7 } 10, 17, 15 24	21 { 01, 9, 12, 20 } 10, 21, 32 41
	8 { 01, 9, 9, 7 } 10, 18, 16 25	7 { 01, 9, 9, 6 } 10, 18, 15 24
	5 { 01, 9, 2, 4 } 10, 11, 6 15	11 { 01, 9, 22, 10 } 10, 31, 32 41

九劃數之姓		
段、柯、姚、風、紀、查、柳、姜、韋、侯、施、柏、封、羿、秋、狐、咸、皇、姬、紅、柴、祈、帥		
		5 01 }10 9 }21 12 }16 4 25
		13 01 }10 9 }29 20 }32 12 41
		13 01 }10 9 }21 12 }24 12 33

十劃數之姓		
翁、倪、孫、席、班、貢、桂、蚋、唐、秦、高、花、烏、祖、芳、馬、晋、袁、夏、徐、洪、淩、宮、耿、耿、祝、豹、桐、般、師		
13 { 01 / 10 / 13 / 12 } 11 / 23 / 25 — 35	11 { 01 / 10 / 3 / 10 } 11 / 13 / 13 — 23	18 { 01 / 10 / 14 / 17 } 11 / 24 / 31 — 41
3 { 01 / 10 / 3 / 2 } 11 / 13 / 5 — 15	13 { 01 / 10 / 11 / 12 } 11 / 21 / 23 — 33	8 { 01 / 10 / 14 / 7 } 11 / 24 / 21 — 31
15 { 01 / 10 / 21 / 14 } 11 / 31 / 35 — 45	13 { 01 / 10 / 3 / 12 } 11 / 13 / 15 — 25	11 { 01 / 10 / 13 / 10 } 11 / 23 / 23 — 33

<table>
<tr><th colspan="3">十　劃　數　之　姓</th></tr>
<tr><td colspan="3">翁、倪、孫、席、班、貢、桂、蚋、唐、秦、高、花、烏、祖、芳、馬、晉、袁、夏、徐、洪、凌、宮、耿、耿、祝、豹、桐、殷、師</td></tr>
<tr>
<td>15 { 01, 10, 11, 14 }
01 + 10 } 11
10 + 11 } 21
11 + 14 } 25
——
35</td>
<td>5 { 01, 10, 1, 4 }
01 + 10 } 11
10 + 1 } 11
1 + 4 } 5
——
15</td>
<td>6 { 01, 10, 1, 5 }
01 + 10 } 11
10 + 1 } 11
1 + 5 } 6
——
16</td>
</tr>
<tr>
<td>13 { 01, 10, 1, 12 }
01 + 10 } 11
10 + 1 } 11
1 + 12 } 13
——
23</td>
<td>8 { 01, 10, 22, 7 }
01 + 10 } 11
10 + 22 } 32
22 + 7 } 29
——
39</td>
<td>3 { 01, 10, 11, 2 }
01 + 10 } 11
10 + 11 } 21
11 + 2 } 13
——
23</td>
</tr>
<tr>
<td></td>
<td>13 { 01, 10, 19, 12 }
01 + 10 } 11
10 + 19 } 29
19 + 12 } 31
——
41</td>
<td>25 { 01, 10, 11, 24 }
01 + 10 } 11
10 + 11 } 21
11 + 24 } 35
——
45</td>
</tr>
</table>

<table>
<tr><th colspan="3">十劃數之姓</th></tr>
<tr><td colspan="3">翁、倪、孫、席、班、貢、桂、蚋、唐、秦、高、花、烏、祖、芳、馬、晋、袁、夏、徐、洪、凌、宮、耿、耿、祝、豹、桐、殷、師</td></tr>
<tr><td></td><td></td><td>21 { 01, 10, 3, 20 }
01 + 10 } 11
10 + 3 } 13
3 + 20 } 23
———
33</td></tr>
<tr><td></td><td></td><td>23 { 01, 10, 3, 22 }
01 + 10 } 11
10 + 3 } 13
3 + 22 } 25
———
35</td></tr>
<tr><td></td><td></td><td>11 { 01, 10, 11, 10 }
01 + 10 } 11
10 + 11 } 21
11 + 10 } 21
———
31</td></tr>
</table>

十一劃數之姓		
張、許、康、商、范、苑、茅、茆、涂、章、寇、尉、苗、崔、紫、梅、崖、麥、粘、胡、從、梁、曹、婁、偖		
21 01 }12 11 }32 21 }41 20 52	5 01 }12 11 }31 20 }24 4 35	13 01 }12 11 }23 12 }24 12 35
24 01 }12 11 }29 18 }41 23 52	23 01 }12 11 }13 2 }24 22 35	15 01 }12 11 }21 10 }24 14 35
	3 01 }12 11 }33 22 }24 2 35	5 01 }12 11 }13 2 }6 4 17

<table>
<tr><th colspan="3">十 二 劃 數 之 姓</th></tr>
<tr><td colspan="3">黃、彭、盛、邱、曾、邵、賀、傅、童、程、喬、
閔、雲、焦、費、喻、景、項、荊、堵、富、辜、
邴、斐、馮、甯、舒、開、單、郤</td></tr>
<tr>
<td>11 { 01, 12, 11, 10 } 13, 23, 21
33</td>
<td>11 { 01, 12, 1, 10 } 13, 13, 11
23</td>
<td>5 { 01, 12, 9, 4 } 13, 21, 13
25</td>
</tr>
<tr>
<td>21 { 01, 12, 3, 20 } 13, 15, 23
35</td>
<td>3 { 01, 12, 23, 2 } 13, 35, 25
37</td>
<td>15 { 01, 12, 9, 14 } 13, 21, 23
35</td>
</tr>
<tr>
<td>11 { 01, 12, 3, 10 } 13, 15, 13
25</td>
<td>3 { 01, 12, 3, 2 } 13, 15, 5
17</td>
<td>15 { 01, 12, 19, 14 } 13, 31, 33
45</td>
</tr>
</table>

十二劃數之姓		
黃、彭、盛、邱、曾、邵、賀、傅、童、程、喬、閔、雲、焦、費、喻、景、項、荊、堵、富、辜、邴、斐、馮、甯、舒、開、單、邰		
15 { 01 12 3 14 } 13 15 17 29	13 { 01 12 9 12 } 13 21 21 33	11 { 01 12 13 10 } 13 25 23 35
6 { 01 12 20 5 } 13 32 25 37	23 { 01 12 23 22 } 13 35 45 57	13 { 01 12 13 12 } 13 25 25 37
23 { 01 12 13 22 } 13 25 35 47	5 { 01 12 13 4 } 13 25 17 29	15 { 01 12 11 14 } 13 23 25 37

十二劃數之姓

黃、彭、盛、邱、曾、邵、賀、傅、童、程、喬、閔、雲、焦、費、喻、景、項、荊、堵、富、辜、邴、斐、馮、甯、舒、開、單、郘

15 01 12 }13 19 }31 14 }33 45	3 01 12 }13 4 }16 2 }6 18	5 01 12 }13 19 }31 4 }23 35
11 01 12 }13 23 }35 10 }33 45	13 01 12 }13 11 }23 12 }23 35	21 01 12 }13 1 }13 20 }21 33
	21 01 12 }13 13 }25 20 }33 45	23 01 12 }13 3 }15 22 }25 37

十　三　劃　數　之　姓

解、塗、湛、游、雷、賈、楊、湯、詹、莊、廉、虞、莫、裘、雍、農、楚、路、睦、郁

01 13 3 22 （左：23；右：14、16、25） 38	01 13 2 14 （左：15；右：14、15、16） 29	01 13 12 12 （左：13；右：14、25、24） 37
01 13 8 16 （左：17；右：14、21、24） 37	01 13 12 23 （左：24；右：14、25、35） 48	01 13 8 24 （左：25；右：14、21、32） 45
01 13 18 17 （左：18；右：14、31、35） 48	01 13 3 2 （左：3；右：14、16、5） 18	01 13 18 6 （左：7；右：14、31、24） 37

十　三　劃　數　之　姓

解、塗、湛、游、雷、賈、楊、湯、詹、莊、廉、虞、莫、裘、雍、農、楚、路、睦、郁

6 { 01 13 3 5 } 14 16 8 21	5 { 01 13 12 4 } 14 25 16 29	15 { 01 13 18 14 } 14 31 32 45
7 { 01 13 2 6 } 14 15 8 21	23 { 01 13 10 22 } 14 23 32 45	16 { 01 13 3 15 } 14 16 18 31
23 { 01 13 2 22 } 14 15 24 37	17 { 01 13 2 16 } 14 15 18 31	7 { 01 13 12 6 } 14 25 18 31

<table>
<tr><th colspan="3">十　三　劃　數　之　姓</th></tr>
<tr><td colspan="3">解、塗、湛、游、雷、賈、楊、湯、詹、莊、
廉、虞、莫、裘、雍、農、楚、路、睦、郁</td></tr>
<tr><td></td><td></td><td>7
01
13
12
6
14
25
18
31</td></tr>
<tr><td></td><td></td><td>15
01
13
18
14
14
31
32
45</td></tr>
<tr><td></td><td></td><td>13
01
13
20
12
14
33
32
45</td></tr>
</table>

十 四 劃 數 之 姓

廖、溥、齊、連、華、郝、熊、管、甄、郗、赫、部、郟、溫、裴、壽、郎、趙、鳳、臧

16 01 14 10 15 15 24 25 39	7 01 14 11 6 15 25 17 31	13 01 14 9 12 15 23 21 35
15 01 14 10 14 15 24 24 38	6 01 14 10 5 15 24 15 29	13 01 14 19 12 15 33 31 45
7 01 14 1 6 15 15 7 21	7 01 14 19 6 15 33 25 39	13 01 14 11 12 15 25 23 37

十四劃數之姓		
廖、溥、齊、連、華、郝、熊、管、甄、郗、赫、郜、郟、溫、裴、壽、郎、趙、鳳、臧		
3 01 14 19 2 15 33 21 35	17 01 14 1 16 15 15 17 31	18 01 14 1 17 15 15 18 32
23 01 14 11 22 15 25 33 47	3 01 14 21 2 15 35 23 37	8 01 14 11 7 15 25 18 32
16 01 14 2 15 15 16 17 31	23 01 14 9 22 15 23 31 45	6 01 14 2 5 15 16 7 21

十　四　劃　數　之　姓

廖、溥、齊、連、華、郝、熊、管、甄、郗、赫、郜、郟、溫、裴、壽、郎、趙、鳳、臧

16 01 }15 14 }17 3 }18 15 32	17 01 }15 14 }16 2 }18 16 32	13 01 }15 14 }17 3 }15 12 29
3 01 }15 14 }23 9 }11 2 25	13 01 }15 14 }35 21 }33 12 47	7 01 }15 14 }23 9 }15 6 29
15 01 }15 14 }23 9 }23 14 37	23 01 }15 14 }17 3 }25 22 39	8 01 }15 14 }25 11 }18 7 32

十四劃數之姓		
廖、溥、齊、連、華、郝、熊、管、甄、郗、赫、郜、郟、溫、裴、壽、郎、趙、鳳、臧		
		01 15 14 23　23 9 31 22 45
		01 15 14 17　23 9 25 16 39
		01 15 14 25　23 9 33 24 47

十 五 劃 數 之 姓

黎、劉、郭、葉、歐、樂、萬、董、葛、談、厲、褚、閭、墨、陝、魯、樊

8 {01, 15, 9, 7} 16, 24, 16 31	15 {01, 15, 18, 14} 16, 33, 32 47	15 {01, 15, 10, 14} 16, 25, 24 39
8 {01, 15, 10, 7} 16, 25, 17 32	7 {01, 15, 10, 6} 16, 25, 16 31	25 {01, 15, 8, 24} 16, 23, 32 47
5 {01, 15, 2, 4} 16, 17, 6 21	24 {01, 15, 9, 23} 16, 24, 32 47	5 {01, 15, 20, 4} 16, 35, 24 39

十五劃數之姓		
黎、劉、郭、葉、歐、樂、萬、董、葛、談、厲、褚、閭、墨、陝、魯、樊		
16 { 01, 15, 22, 15 } 16, 37, 37 ── 52	18 { 01, 15, 20, 17 } 16, 35, 37 ── 52	24 { 01, 15, 10, 23 } 16, 25, 33 ── 48
	15 { 01, 15, 9, 14 } 16, 24, 23 ── 38	15 { 01, 15, 2, 14 } 16, 17, 16 ── 31
	16 { 01, 15, 18, 15 } 16, 33, 33 ── 48	16 { 01, 15, 9, 15 } 16, 24, 24 ── 39

十　六　劃　數　之　姓

蒙、潘、盧、賴、陳、駱、錢、陶、閻、蒲、穆、陸、鮑、諸、蓋、霍、龍、諜

5 { 01, 16, 13, 4 } 17, 29, 17 33	5 { 01, 16, 19, 4 } 17, 35, 23 39	7 { 01, 16, 9, 6 } 17, 25, 15 31
15 { 01, 16, 9, 14 } 17, 25, 23 39	5 { 01, 16, 21, 4 } 17, 37, 25 41	17 { 01, 16, 9, 16 } 17, 25, 25 41
8 { 01, 16, 9, 7 } 17, 25, 16 32	5 { 01, 16, 9, 4 } 17, 25, 13 29	7 { 01, 16, 19, 6 } 17, 35, 25 41

<table>
<tr><th colspan="3">十　六　劃　數　之　姓</th></tr>
<tr><td colspan="3">蒙、潘、盧、賴、陳、駱、錢、陶、閻、蒲、
穆、陸、鮑、諸、蓋、霍、龍、謀</td></tr>
<tr><td></td><td></td><td>17
01
16 }17
13 }29
16 }29
45</td></tr>
<tr><td></td><td></td><td>25
01
16 }17
23 }39
24 }47
63</td></tr>
<tr><td></td><td></td><td></td></tr>
</table>

十七劃數之姓

謝、蔡、鄒、韓、蔣、陽、館、應、
隆、鍾、鄔、蔚、蹇、賽

15 01 }18 17 }18 1 }15 14 32	18 01 }18 17 }35 18 }35 17 52	11 01 }18 17 }25 8 }18 10 35
7 01 }18 17 }35 18 }24 6 41	7 01 }18 17 }29 12 }18 6 35	7 01 }18 17 }35 18 }24 6 41
	8 01 }18 17 }25 8 }15 7 32	17 01 }18 17 }25 8 }24 16 41

<table>
<tr><th colspan="3">十　八　劃　數　之　姓</th></tr>
<tr><td colspan="3">顏、魏、簡、戴、聶、闕、儲、鄢、
蕭、豐、鄞、鄢</td></tr>
<tr>
<td>11 { 01, 18, 11, 10 }
19
29
21
―――
39</td>
<td>11 { 01, 18, 19, 10 }
19
37
29
―――
47</td>
<td>8 { 01, 18, 14, 7 }
19
32
21
―――
39</td>
</tr>
<tr>
<td>16 { 01, 18, 14, 15 }
19
32
29
―――
47</td>
<td>7 { 01, 18, 11, 6 }
19
29
17
―――
35</td>
<td>3 { 01, 18, 13, 2 }
19
31
15
―――
33</td>
</tr>
<tr>
<td>17 { 01, 18, 13, 16 }
19
31
29
―――
47</td>
<td>3 { 01, 18, 3, 2 }
19
21
5
―――
23</td>
<td>13 { 01, 18, 3, 12 }
19
21
15
―――
33</td>
</tr>
</table>

<table>
<tr><th colspan="3">十八劃數之姓</th></tr>
<tr><td colspan="3">顏、魏、簡、戴、聶、闕、儲、鄢、
蕭、豐、鄞、鄠</td></tr>
<tr><td></td><td></td><td>21 { 01, 18, 19, 20 }
01 + 18 = 19
18 + 19 = 37
19 + 20 = 39
57</td></tr>
<tr><td></td><td></td><td></td></tr>
<tr><td></td><td></td><td></td></tr>
</table>

十　九　劃　數　之　姓

鄭、鄧、薛、關、譚、龐、薄、龐

17 { 01, 19, 13, 16 } 01+19 = 20 19+13 = 32 13+16 = 29 48	11 { 01, 19, 28, 10 } 01+19 = 20 19+28 = 47 28+10 = 38 57	5 { 01, 19, 12, 4 } 01+19 = 20 19+12 = 31 12+4 = 16 35
21 { 01, 19, 13, 20 } 01+19 = 20 19+13 = 32 13+20 = 33 52	15 { 01, 19, 2, 14 } 01+19 = 20 19+2 = 21 2+14 = 16 35	5 { 01, 19, 2, 4 } 01+19 = 20 19+2 = 21 2+4 = 6 25
	18 { 01, 19, 12, 17 } 01+19 = 20 19+12 = 31 12+17 = 29 48	21 { 01, 19, 18, 20 } 01+19 = 20 19+18 = 37 18+20 = 38 57

<table>
<tr><th colspan="3">二十劃數之姓</th></tr>
<tr><td colspan="3">羅、嚴、藍、釋、鐘、籍、鐔、還、
黨、寶</td></tr>
<tr><td>13
01
20
13
12
21
33
25
45</td><td>23
01
20
3
22
21
23
25
45</td><td>18
01
20
4
17
21
24
21
41</td></tr>
<tr><td>11
01
20
1
10
21
21
11
31</td><td>3
01
20
11
2
21
31
13
33</td><td>11
01
20
3
10
21
23
13
33</td></tr>
<tr><td>13
01
20
1
12
21
21
13
33</td><td>3
01
20
13
2
21
33
15
35</td><td>8
01
20
4
7
21
24
11
31</td></tr>
</table>

二十劃數之姓

<table>
<tr><th colspan="3">二　十　劃　數　之　姓</th></tr>
<tr><td colspan="3">羅、嚴、藍、釋、鐘、籍、鐔、還、
黨、寶</td></tr>
<tr><td>3
01
20
19
2
21
39
21
41</td><td>13
01
20
9
12
21
29
21
41</td><td>3
01
20
3
2
21
23
5
25</td></tr>
<tr><td></td><td>24
01
20
9
23
21
29
32
52</td><td>13
01
20
3
12
21
23
15
35</td></tr>
<tr><td></td><td>21
01
20
12
20
21
32
32
52</td><td>3
01
20
9
2
21
29
11
31</td></tr>
</table>

二十一劃數之姓

顧、饒、巍、瓏、藥、鐵

15 01 21 2 14 22 · 23 · 16 37	5 01 21 20 4 22 · 41 · 24 45	13 01 21 12 12 22 · 33 · 24 45
21 01 21 11 20 22 · 32 · 31 52	11 01 21 8 10 22 · 29 · 18 39	15 01 21 2 14 22 · 23 · 16 37
15 01 21 10 14 22 · 31 · 24 45	23 01 21 2 22 22 · 23 · 24 45	5 01 21 12 4 22 · 33 · 16 37

<table>
<tr><td colspan="3">二十一劃數之姓</td></tr>
<tr><td colspan="3">顧、饒、巍、瓏、藥、鐵</td></tr>
<tr><td></td><td></td><td>01 }22
24 { 21 }29
8 }31
23
――
52</td></tr>
<tr><td></td><td></td><td></td></tr>
<tr><td></td><td></td><td></td></tr>
</table>

二　十　二　劃　數　之　姓

龔、蘇、權、欉

16 { 01 22 10 15 } 23 / 32 / 25 47	13 { 01 22 3 12 } 23 / 25 / 15 37	15 { 01 22 9 14 } 23 / 31 / 23 45
15 { 01 22 3 14 } 23 / 25 / 17 39	11 { 01 22 13 10 } 23 / 35 / 23 45	5 { 01 22 9 4 } 23 / 31 / 13 35
17 { 01 22 9 16 } 23 / 31 / 25 47	13 { 01 22 13 12 } 23 / 35 / 25 47	5 { 01 22 19 4 } 23 / 41 / 23 45

二十二劃數之姓		
龔、蘇、權、欉		
	8 { 01 · 22 · 9 · 7 } 01+22 } 23 22+9 } 31 9+7 } 16 ——— 38	15 { 01 · 22 · 3 · 14 } 01+22 } 23 22+3 } 25 3+14 } 17 ——— 39
		5 { 01 · 22 · 13 · 4 } 01+22 } 23 22+13 } 35 13+4 } 17 ——— 39
		23 { 01 · 22 · 3 · 22 } 01+22 } 23 22+3 } 25 3+22 } 25 ——— 47

二　十　三　劃　數　之　姓

纞、蘭、巖、驛、麟

17 {01, 23, 8, 16} 24, 31, 24 ——— 47	7 {01, 23, 18, 6} 24, 41, 24 ——— 47	13 {01, 23, 12, 12} 24, 35, 24 ——— 47
8 {01, 23, 8, 7} 24, 31, 15 ——— 38	8 {01, 23, 18, 7} 24, 41, 25 ——— 48	5 {01, 23, 12, 4} 24, 35, 16 ——— 39
7 {01, 23, 9, 6} 24, 32, 15 ——— 38	17 {01, 23, 2, 16} 24, 25, 18 ——— 41	15 {01, 23, 2, 14} 24, 25, 16 ——— 39

二十三劃數之姓		
欒、蘭、巖、驛、麟		
5 01 23 2 4 }24 }25 }6 29	23 01 23 2 22 }24 }25 }24 47	7 01 23 2 6 }24 }25 }8 31
18 61 23 8 17 }24 }31 }25 48	24 01 23 2 23 }24 }25 }25 48	7 01 23 12 6 }24 }35 }18 41
	17 01 23 9 16 }24 }32 }25 48	8 01 23 9 7 }24 }32 }16 39

七之一、單姓的命盤與命運盤

A.單姓，名1字的命盤如左：

★命盤，即五格的統稱，亦稱大運5數，左是8、5、11、2、11數

（單姓、單字名命盤）

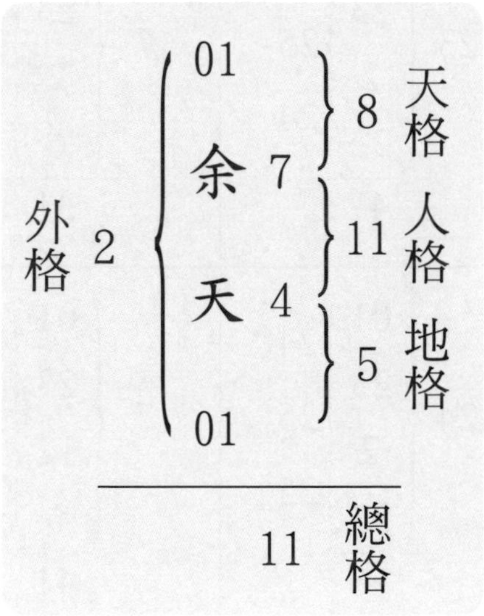

B.單姓，名1字的命運盤如左：

★命運盤，即命盤＋成功運＋基礎運＋大運（行運）＋天運（行運）＋流年運，共五格五運而成。

◎余天，生於丁亥年。天運五行屬陰土。民96年競選立委當選。100年辛卯屬陰木失利，彼時已邁入實歲61歲走天格8數陰金之大運，流年木先剋天運土，元神受損，傷的重，大運受援無力，且流年木又反剋大運，終於被擠出立委之外。

（單姓單字名、命運盤）

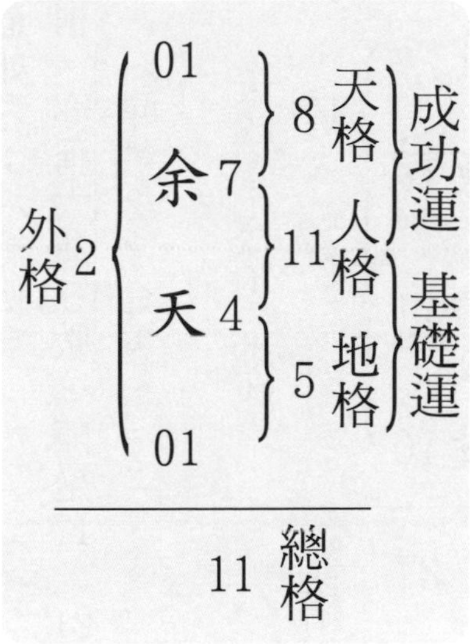

C.單姓，名二字的命盤如左：（範例）

★命盤，即五格的統稱。亦稱大運5數，陳是17、21、27、11、37數。

（單姓2字命盤）

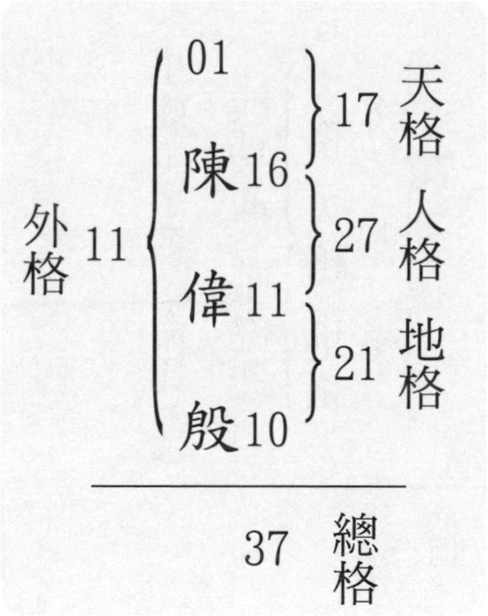

D.單性，名二字的命運盤如左：（範例）

★命運盤，即命盤＋成功運＋基礎運＋大運（行運）、天運（行運）＋流年運共五格五運而成。

◎陳，1985.7.21日生，天運五行乙丑年屬陰金，流年運2012壬辰年屬水，奪得金鶯隊個人最多勝共12勝。命運盤可揭曉：原來流年壬辰水雖洩天運金（壓力大元神損），卻有天運金來扶大運金（喜事至）。

（單姓2字名、命運盤）

	01		
		17	成功運
	陳 16		
11		27	
	偉 11	大運3	基礎運
		21	
	殷 10	∨∨	
	37		

★天格走1～12歲（年）行運，地格是13歲（年）～24行運，人格走25～36，外格走37～48，總格走49～60（均以實歲為主），請參閱一、命盤加命運盤篇更清楚

七之二、複姓的命盤與命運盤

E.複姓，名1字的命盤如左：

（命盤，即五格的統稱。亦稱大運5數，左是15、7、16、6、21數）

（複姓名單字命盤）

		司	5	15	天格
外格	6	馬	10	16	人格
		光	6	7	地格
		01			
			21		總格

F.複姓，名2字的命盤如左：（範例）

（命盤，即五格的統稱，亦稱大運5數，左是15、12、15、12、27數）

（複姓名2字命盤）

		司	5	
				15 天格
		馬	10	
外格	12			15 人格
		功	5	
				12 地格
		成	7	
			27	總格

（複姓名1字，與名2字的命運盤，請參照B與D）

七之三、複姓有如左：

（女姓嫁人，男性入贅，各多添了對方的姓，也是複姓）

濮	18	澹	17	皇	9	聞	14	歐	15	萬	15	左	5
陽	17	臺	14	甫	7	人	2	陽	17	俟	9	丘	5
淳	12	公	4	尉	11	東	8	夏	10	司	5	東	8
于	3	治	9	遲	18	方	4	侯	10	馬	10	門	8
單	12	宗	8	公	4	赫	14	諸	16	上	3	西	6
于	3	政	8	羊	6	連	14	葛	15	官	8	門	8

太	4	羊	6	南	9	段	9	自	6	夾	7	壤	20
叔	8	舌	6	門	8	干	3	法	9	谷	7	駟	15
申	5	微	13	呼	8	百	6	汝	7	宰	10	公	4
屠	12	生	5	延	8	里	7	鄢	18	父	4	良	7
公	4	梁	11	皈	9	東	8	涂	11	晉	10	拓	9
孫	10	丘	5	海	11	郭	15	欽	12	楚	13	拔	9

公	4	顓	18	司	5	司	5	慕	15	鍾	17	仲	6
西	6	孫	10	寇	11	徒	10	容	10	離	19	孫	10
漆	15	端	14	仉	4	司	5	鮮	17	宇	6	軒	10
雕	16	木	4	督	13	空	8	于	3	文	4	轅	17
樂	15	巫	7	子	3	元	4	閭	16	長	8	令	5
正	5	馬	10	車	7	官	8	丘	5	孫	10	孤	9

第八篇

民國01年到200年干支五行速得表

八、中華民國01年(壬子)到200年(辛未)干支五行速得表：

73 13	74 14	75 15	76 16	77 17	78 18	79 19	80 20	81 21	82 22	83 23	84 24	85 25	86 26		
甲子	乙丑	丙寅	丁卯	戊辰	己巳	庚午	辛未	壬申	癸酉	甲戌	乙亥	丙子	丁丑	戊寅	己卯
193 133	194 134	195 135	196 136	197 137	198 138	199 139	200 140	141	142	143	144	145	146		
金		火		木		土		金		火		水		土	
163	164	165	166	167	168	169	170	171	172	173	174	175	176		
甲午	乙未	丙申	丁酉	戊戌	己亥	庚子	辛丑	壬寅	癸卯	甲辰	乙巳	丙午	丁未	戊申	己酉
103 43	104 44	105 45	106 46	107 47	108 48	109 49	110 50	111 51	112 52	113 53	114 54	115 55	116 56		

87 27	88 28	89 29	90 30	91 31	92 32	93 33	94 34	95 35	96 36	97 37	98 38	99 39	100 40	101 41	102 42
戊寅	己卯	庚辰	辛巳	壬午	癸未	甲申	乙酉	丙戌	丁亥	戊子	己丑	庚寅	辛卯	壬辰	癸巳
147	148	149	150	151	152	153	154	155	156	157	158	159	160	161	162
土		金		木		水		土		火		木		水	
177	178	179	180	181	182	183	184	185	186	187	188	189	190	191	192
戊申	己酉	庚戌	辛亥	壬子	癸丑	甲寅	乙卯	丙辰	丁巳	戊午	己未	庚申	辛酉	壬戌	癸亥
117 57	118 58	119 59	120 60	01 121 61	02 122 62	03 123 63	04 124 64	05 125 65	06 126 66	07 127 67	08 128 68	09 129 69	10 130 70	11 131 71	12 132 72

八之一、中華民國01年到120年農曆立春速得表

六十甲子	五行	農曆立春			
壬子	木	00	18／12	11 54午	01
		60	21／12	01 20丑	(61)
癸丑	木	01	29／12	17 43酉	02
		62	2／1	07 4辰	(62)
甲寅	水	03	22／12	05 26卯	04
		63	13／1	13 0未	(63)
乙卯	水	03	22／12	05 26卯	04
		63	24／12	18 59酉	(64)
丙辰	土	05	2／1	11 14午	05
		65	6／1	0 40子	(65)

癸亥		壬戌		辛酉		庚申		己未		戊午		丁巳	
水		水		木		木		火		火		土	
71 22／12	11 20／12	71 11／1	11 8／1	69 30／12	09 27／12	68 19／12	08 16／12	68 8／1	08 5／1	66 27／12	06 23／12	65 17／12	06 13／1
17 35 酉	04 01 寅	11 45 午	22 07 亥	5 56 卯	16 21 申	0 10 子	10 27 巳	18 13 酉	04 20 寅	12 27 午	22 53 亥	6 34 卯	16 58 申
(72)	12	(71)	11	(70)	10	(69)	09	(68)	08	(67)	07	(66)	06

八之二、中華民國01年到120年農曆立春速得表

六十甲子	五行	農曆立春			
甲子	金	73	3／1	23 25分	(73)
		13	1／1	09 50分	13
乙丑	金	73	15／12	05 15分	(74)
		14	12／1	15 37分	14
丙寅	火	74	26／12	11 16分	(75)
		14	22／12	21 39分	15
丁卯	火	76	07／1	16 50分	(76)
		16	4／1	03 31分	16
戊辰	木	76	17／12	22 38分	(77)
		17	14／1	09 17分	17
己巳	木	77	28／12	04 26分	(78)
		17	25／12	15 9分	18
庚午	土	79	09／1	10 15分	(79)
		19	6／1	17 52分	19
辛未	土	79	10／12	16 04分	(80)
		19	18／12	02 41分	20
壬申	金	81	01／1	21 54分	(81)
		20	29／12	08 30分	21
癸酉	金	82	13／1	03 43分	(82)
		22	10／1	14 10分	22

庚辰		己卯		戊寅		丁丑		丙子		乙亥		甲戌	
金		土		土		水		水		火		火	
28	88	27	87	27	87	25	85	25	84	24	84	22	82
28／12	29／12	17／12	19／12	5／1	8／1	23／12	27／12	13／1	16／12	2／1	5／1	21／12	24／12
07	20	01	14	19	08	13	03	07	21	01	15	20	09
8辰	32戌	17丑	42未	15戌	53辰	26未	04寅	30辰	15亥	49分	24分	4分	33分
29	(89)	28	(88)	27	(87)	26	(86)	25	(85)	24	(84)	23	(83)

丁亥		丙戌		乙酉		甲申		癸未		壬午		辛巳	
土		土		水		水		木		木		金	
36	95	35	95	33	93	33	93	32	92	30	90	30	90
14／1	17／12	3／1	7／1	22／12	26／12	12／1	14／1	1／1	4／1	19／12	23／12	9／1	12／1
23	13	18	07	11	01	06	19	0	13	18	08	12	02
27子	14未	5酉	25辰	20午	34丑	23卯	46戌	41子	57未	49酉	08辰	50午	20丑
36	(96)	35	(95)	34	(94)	33	(93)	32	(92)	31	(91)	30	(90)

八之二、中華民國01年到120年農曆立春速得表

六十甲子	五行	農曆立春			
戊子	火	98	28／12	19 03 戌	(97)
		36	26／12	05 43 卯	37
己丑	火	98	10／1	0 52 子	(98)
		38	7／1	11 23 午	38
庚寅	木	98	21／12	06 42 卯	(99)
		38	18／12	17 21 酉	39
辛卯	木	100	2／1	12 32 午	(100)
		39	28／12	23 14 子	40
壬辰	水	101	13／1	18 40 酉	(101)
		41	10／1	04 54 寅	41
癸巳	水	101	24／12	0 19 子	(102)
		41	21／12	10 46 巳	42
甲午	金	103	5／1	06 21 卯	(103)
		43	2／1	16 31 申	43
乙未	金	103	16／12	12 09 午	(104)
		44	12／1	22 18 亥	44
丙申	火	104	26／12	18 14 酉	(105)
		44	24／12	04 13 寅	45
丁酉	火	106	7／1	23 49 子	(106)
		46	5／1	09 55 巳	46

甲 辰		癸 卯		壬 寅		辛 丑		庚 子		己 亥		戊 戌	
火		金		金		土		土		木		木	
52 22／12	112 25／12	52 11／1	112 14／1	50 30／12	111 14／1	49 19／12	109 22／12	49 9／1	109 11／1	47 27／12	107 30／12	46 16／12	106 19／12
03 5 寅	16 37 申	21 8 亥	10 47 巳	15 18 申	04 58 寅	09 23 巳	23 0 子	03 23 寅	17 18 酉	15 5 申	11 28 午	15 50 申	05 38 卯
53	113	52	112	51	111	50	110	49	109	48	108	47	107

辛 亥		庚 戌		己 酉		戊 申		丁 未		丙 午		乙 巳	
金		金		土		土		水		水		火	
60 9／1	120 13／1	58 28／12	119 3／1	57 18／12	117 20／12	57 7／1	117 1／1	55 25／12	115 28／12	55 15／1	114 17／12	54 3／1	114 6／1
19 26 戌	09 09 巳	13 46 未	03 35 寅	07 59 辰	21 45 亥	02 8 丑	15 56 申	20 31 戌	10 06 巳	14 38 未	04 16 寅	08 46 辰	22 27 亥
60	120	59	119	58	118	57	117	56	116	55	115	54	114

八之二、中華民國夏令時間變動等要項

1.台灣「標準時間」「夏令時間」變動之記要。

臺灣省本屬東經一百二十度標準時區，被日本佔領期間，於一九三七年十月一日起，時制曾一度採用東經一百三十五度日本標準時區，（時鐘播快一小時），光復後，一九四五年十月開始又恢復源用中原標準時間。

夏晝長夜短，政府基於國人健康，作息方便，或節約能源之考慮，明令實施「夏令時間」，（時鐘播快一小時），臺灣過去實行之記錄如下：

陽曆民國三十四～四　十年五月一日～九月三十日
陽曆民國四十一年三月一日～十月卅一日
陽曆民國四十二～四十三年四月一日～十月卅一日
陽曆民國四十四～四十八年四月一日～九月三十日
陽曆民國四十九～五十年六月一日～九月三十日
陽曆民國六十三～六十四年四月一日～十月卅一日
陽曆民國六十八年七月一日～九月三十日

2.台灣各縣市統一時間之加減

地球向東自轉，日出的地點隨著地球的自轉而漸往西移。世界各國乃協定一種時制「即以經過英國格林威治天文台的子午經線為標準」，將地球每隔十五經度劃為一「時區」。全球三百六十度，共劃為二十四時區，每相隔一時區，鐘錶時間相差一小時，每度相差四分鐘。

我國中央觀象台之測算及報時，此屬東經一百二十度標準時區，各地區應根據「標準時」而修正，才是當地之命理時刻。謹整理臺灣代表性市鎮之時差修正表，以便查覽。

地名	應加減	分	秒
臺北	+	6	03
桃園	+	5	12
新竹	+	3	52
苗栗	+	3	12
臺中	+	2	44
彰化	+	2	08
南投	+	2	44
雲林	+	2	08
嘉義	+	1	48
臺南	+	0	52
高雄	+	1	04
恆春	+	3	00
宜蘭	+	7	00
花蓮	+	6	28
臺東	+	4	36
澎湖	—	1	48

八之三、天天接近財神貴人速見表

（對照農民曆相同干支，用簽筆寫上月日即一清二楚，四個月後用橡皮擦擦掉再寫4個月，如此循環）

年月日	年月日	干支日	貴人方	財神方
		甲子日	東北	東南
		乙丑日	正北	東南
		丙寅日	正西	正西
		丁卯日	西北	正西
		戊辰日	東北	正北
		己巳日	西南	正北
		庚午日	西南	正東
		辛未日	正南	正東
		壬申日	正東	正南
		癸酉日	東南	正南
		甲戌日	東北	東南
		乙亥日	西南	東南
		丙子日	正西	正西

年月日	年月日	干支日	貴人方	財神方
		丁丑日	西北	正西
		戊寅日	東北	正北
		己卯日	西南	正北
		庚辰日	東北	正東
		辛巳日	東北	正東
		壬午日	正東	正南
		癸未日	正東	正南
		甲申日	西南	東南
		乙酉日	西南	東南
		丙戌日	正西	正西
		丁亥日	正西	正西
		戊子日	東北	正北
		己丑日	正北	正北

年月日	年月日	干支日	貴人方	財神方
		庚寅日	東北	正東
		辛卯日	東北	正東
		壬辰日	正東	正南
		癸巳日	東南	正南
		甲午日	西南	東南
		乙未日	西南	東南
		丙申日	正西	正西
		丁酉日	西北	正西
		戊戌日	東北	正北
		己亥日	西南	正北
		庚子日	東北	正東
		辛丑日	東北	正東
		壬寅日	正東	正南
		癸卯日	正東	正南
		甲辰日	西南	東南
		乙巳日	正北	東南
		丙午日	西北	正西

年月日	年月日	干支日	貴人方	財神方
		丁未日	西北	正西
		戊申日	西南	正北
		己酉日	西南	正北
		庚戌日	西南	正東
		辛亥日	正南	正東
		壬子日	正東	正南
		癸丑日	正東	正南
		甲寅日	東北	東南
		乙卯日	西南	東南
		丙辰日	正西	正西
		丁巳日	正西	正西
		戊午日	西南	正北
		己未日	西南	正北
		庚申日	西南	正東
		辛酉日	東北	正東
		壬戌日	正東	正南
		癸亥日	正東	正南

第九篇
男女生取名劃數速見表

九之一、男生取名劃數速見表（有一圓圈者，其字義吉祥如意，可優先考慮）

一劃數

(一)、(乙)

二劃數

(人)、入
卜
(乃)、了、刀、丁、几
(二)、(又)

三劃數

(三)、下、(上)、乞、夕、(千)、子、寸、(小)、(山)、(川)、叉、(才)、(凡)、口、工、
干、弓、弋、(久)、巳、土、(大)、(丈)、己、巾、丸、(也)、(于)

四劃數

四、丑、仍、(仁)、什、切、(升)、壬、(少)、(心)、手、日、欠、氏、(水)、

犬、兮、予、尺、
木、互、分、匹、化、卞、反、夫、巴、幻、戶、方、木、比、毛、火、
父、仆、公、孔
中、丹、井、介、今、內、及、太、天、屯、弔、斗、斤、止、爪、牛
予、允、元、勿、午、友、尤、尹、引、文、月、牙、曰、土

五劃數

丘、且、世、仔、仕、仙、兄、出、司、史、巧、左、市、玄、生、申、
穴、示、冉
丕、丙、包、北、半、卯、弁、民、皿、目、布、平、弘、弗、必、末、
本、母、疋、白、皮、禾、功、可、古、甘、刊
主、他、代、仗、令、冬、另、加、甲、旦、占、句、只、召、巨、扎、
正、田、立、凸、叮、奴、旦
五、以、右、外、央、戊、未、永、玉、瓦、用、由、幼

六劃數

丞、亘、企、休、兇、先、如、旬、此、全、再、刑、向、在、夙、灼、宅、次、守、字、存、寺、式、戌、戎、收、早、旭、曲、求、弛、系、肉、臣、自、舌、虫、血、行、圳、西、六、伏、合、名、回、好、帆、灰、牟、百、仿、份、米、伐、亥、卉、冰、伉、光、共、匡、各、考、汀、竹、老、至、臼、舟、奸、六、交、仲、兆、列、劣、匠、吉、吐、同、吏、地、多、州、年、打、旨、朱、朵、伊、仰、伍、印、因、宇、安、屹、有、羊、羽、而、耳、衣、亦

七劃數

七、串、伸、伺、佐、作、宋、杉、赤、足、辛、似、初、吹、呈、坐、孝、岐、岑、身、伽、希、床、序、形、忍、忖、成、杏、材、辰、走、束、杞、步、汐、甫、私、秀、車、系、亨、何、佈、伯、伴、佛、免、兵、判、別、含、妨、坊、妙、宏、旱、每、汗、牡、克、告、坑、改、攻、更、杆、谷、究、良、見、角、豆、皀、呂、壯、妞、局、弄、廷、弟、戒、住、低、

佃、兌、里、冷、伶、托、利、劫、助、努、君、吝、彤、志、杖、杜、
呆、李、江、玎、町、男、禿
位、佑、余、吾、吟、吳、吻、完、尾、巫、役、忘、我、攸、言、邑、
酉、吾

八劃數

乳、事、享、侍、使、奇、宗、尚、沙、沈、幸、侈、刹、協、卒、始、
姓、妾、欣、其、取、受、叔、炊、屈、采、弦、所、抄、承、昌、昇、
昔、松、社、舍、青、券、汽
秉、戽、房、扮、批、扶、斧、放、昏、明、服、枚、沛、版、阜、八、
並、佩、函、和、命、坡、坪、彼、或、抔、沐、牧、門、奉、妹、孟、
帛、庖、府、忽、杭、板、汾、虎、非
侃、供、刻、卦、固、坤、官、岡、庚、快、抗、昆、果、空
京、侄、佳、來、例、奈、季、念、折、金、制、到、卓、兔、兩、狄、
宙、定、技
找、典、卷、周、呢、坦、妮、居、投、政、帑、帖、底、店、征、忝、

忠、扭、枝、東、杰、林、汰、決、知、的、直、糾、肌、具
依、侑、兒、味、夜、委、宜、易、杵、沃、宛、岳、岸、岩、往、武、
於、昂、旺、沅、汪、炎、物、雨、艾、臥、長

九劃數

首、酋、食、俏、信、俠、係、俟、侵、哉、思、春、星、衫、俗、促、
削、前、姚、室、咱、性、是、相、則、奏、型、契、姹、宣、巷、施、
昨、穿、查、柵、柔、染、泉、帥、甚、砂、祈、秋
河、泌、波、泡、法、炮、炳、皇、盆、眉、美、負、飛、侯、便、勉、
厚、品、封、後、抱、拜、柏、沸、紅、保、冒、匍、奔、姵、哈、披、
拔、柏、赴、柄、盼、虹、省
冠、剋、皈、姤、客、哄、故、釭、革、柑、柯、況、狗、看、科、竿、
肝、俊、九、亭、亮、剃、度、咤、急、招、拙、皆、紂、貞、侶、段、
勁、帝、庤、峙、怠、拒、拉、耐、計、南、姪、姜、姣、建、待、律、
拓、昭、紀、重、架、柱、柳、段、注、治、炤、炭、界、突、肚、訂、
軍、酊、泰、俐、計

俄、勇、幽、彥、玟、怡、押、韋、芋、俞、威、屋、咽、哀、哇、映、
昱、油、要、泳、沿、姚、畏、盈、禹、約、衍、頁

十劃數

修、城、夏、宰、容、師、恕、時、效、座、持、書、校、乘、神、祖、
軒、純、虔、訓、財、起、唇、奚、畜、倩、倖、倉、哮、孫、射、峽、
剩、差、席、息、扇、曹、朔、秦、迅、徐、恰、拳、桑、秤、閃、栽、
殊、氣、洽、洩、珊、祠、索、素、紗、紓、缺、芩、訖、訕
候、恒、桓、珀、圃、航、峯、芳、芙、花、配、釜、馬、倍、俯、俸、
們、埋、恢、旁、晃、活、派、洪、烘、畔、畝、眠、破、砲、祕、粉、
紡、肥、般、芬、娩、紡、剖、剡
高、剛、庫、恭、拱、格、桂、根、耕、耿、股、貢、骨、鬼、個、哥、
宮、十
展、峻、庭、洲、烈、倫、哲、娟、娜、家、兼、准、凌、凍、套、徑、
徒、恪、恬、晉、桌、株、洞、洛、紙、拯、指、拿、料、旅、朕、桔、
桃、桐

級、娌、特、玲、珍、珈、真、(祝)、秩、租、站、隻、留、納、紐、記、討、託、酌、釘、爹、挑、倆、借、倒、值、俱、倪、倘、兼、唐、城、(恩)、殷、(祐)、(洋)、(原)、耘、益、按、案、烏、秧、窈、倚、娥、紋、(翁)、芽、芸、蚊、袁、員、埃、娛、宴、峨

一一劃數

(啟)、崧、(強)、率、從、旋、晨、族、爽、(祥)、紳、(紹)、處、(常)、責、赦、雪、頃、(彩)、孰、戚、(乾)、參、商、唱、婧、宿、(崇)、崎、崔、做、娶、敘、斜、(梓)、消、牽、區、售、悄、晟、涉、產、粗、絃、細、組、羞、習、邢、邨、舷、船、茄、若、許、設、訟、票、啡、偏

偏、密、(彬)、(彪)、(敏)、(海)、(浩)、烽、邦、培、捕、患、曼、偏、梅、毫、浮、珮、畢、盒、符、舶、范、茅、苗、袍、被、覓、訪、貨、販、返、閉、麥、麻、邦

(國)、寇、(崑)、苦、規、夠、釦

章、健、專、基、堅、堂、寄、得、朗、將、聊、舵、茁、苓、袋、袈、
詅、訣、近、略、皎、眷、窕、竟、第、粒、終、累、偕、假、停、偵、
剪、動、婧、寂、崙、犁、唸、堆、執、帳、淅、珠、張、教、條、絛、
梁、梯、械、浪、頂、鳥、鹿、那、庶、振、挺、捉、捐、甜
偉、帷、悟、望、英、偶、務、問、域、婉、尉、寅、庸、浴、唯、悠、
悅、晚、梧、眼、移、苑、迎、野、魚、挽

一二劃數

尊、欽、朝、期、棋、清、盛、策、翔、舒、舜、詞、象、超、雄、順、
勝、喜、喬、善、媚、創、廂、婿、場、尋、循、情、捨、掀、採、措、
捨、授、散、斯、晴、晰、曾、最、棗、淳、淅、淑、深、淺、然、猜、
琇、球、現、甥、疏、硝、稀、稅、程、稍、窗、筍、絲、絨、絜、胸、
草、菜、茲、荏、茸、裁、視、訴、趁、邵、邱、鈔、閒、閑、須、項、
傘、剩
博、報、富、幫、弼、復、惠、斐、淼、畫、發、皓、賀、貿、閔、備、

傅、堡、寒、嵋、帽、幅、彭、徨、徧、悲、扉、捧、排、敝、斑、酣、
普、棉、棒、棚、評、涵、混、淮、淝、焙、牌、猛、犇、番、筆、脈、
荒、茗、茯、費、買、迫、邯、防、阪、馮、黃、傍、媒、媚、黑、喉、
喝
淦、焜、貴、開、凱、割、堪、掛、敢、款、殼、筐、給、軻、辜、雇、
迪、迦、量、鈞、敦、景、智、朝、登、詔、傑、軫、迢、鈕、間、集、
幾、蛟、植、粟、堵、堤、奠、屠、嵐、幀、惇、悼、掌、掘、捲、捷、
捺、掏、掎、推、探、接、掬、晶、替、棹、椒、棠、棘、棧、殖、涼、
淘、添、淡、淨、焦、琉、理、短、貸、窖、竣、童、筋、答、筒、等、
粥、結、統、脂、能、脊、胴、荐、萸、荔、茱、街、註、診、証、貂、
貶、貼、勞、單、婷、茶、喋、傢、
堯、喔、淵、為、硯、越、雅、幃、掩、椅、涯、液、無、焰、猗、異、
硬、粵、媛、茵、軼、阮、雁、寓、雲、雯、圍、喻

傳、勤、嵩、新、暄、歲、熙、祺、群、聖、詮、詳、頌、暄、催、傷、
傾、勢、嗣、塑、塞、廈、愜、插、揉、暇、楸、楚、湘、湊、琴、琪、
琦、畸、睡、睫、禽、稔、稠、資、筮、粲、綉、羨、肆、肅、脩、裙、
詡、詢、試、鼠、載、送、鉛、阻、雌、飪、馴、馳
匯、揮、會、湖、煥、琥、盟、蜂、鉢、頒、暉、幕、彙、惶、描、換、
楣、楓、渾、渺、渙、媚、煌、煤、貓、琶、琵、睦、碑、稟、聘、腑、
荷、號、補、話、酪、迷、逅、迴、附、莓、飯、嫣、衙
港、感、揆、琨、誇、匱、塊、幹、渴、窟、莞、楷、罣、稞、鼓、該、
賈、逅、部、跟、誇、跪
雷、靖、減、廉、楠、殿、照、琳、琢、琤、當、督、祿、鼎、賈、頓、
路、跳、嫁、農、追、逃、迹、退、鈴、鉅、電、亂、傳、僅、塗、塔、
塘、湯、渡、廊、提、敬、斟、極、煎、豬、解、睛、睞、碇、禁、稚、
絹、經、腳、脫、脛、舅、荳、莖、莒、荻、裡、裝、詹、酪、跡、陀、
雋、暖、楨、
揚、業、愛、意、煒、義、裕、庸、圍、圓、奧、微、握、椰、湧、游、
愚、愈、愉、援、榆、楊、渝、滑、爺、煙、猶、碗、筠、肄、莞、莠、

虞、蛾、詣、郁、鈺、阿、雍、預、飲、暈、暗、徜

一四劃數

慈、暢、榮、榕、齊、壽、滄、溪、熊、獅、瑞、碩、綜、菖、損、旗、
槍、熏、逝、造、速、逍、胥、嘗、塾、塵、嫩、察、像、僑、溶、溼、
稱、算、粹、綢、綵、綽、綺、翠、腔、菁、萃、菜、裳、認、誓、誦、
說、誠、輕、逡、酵、酸、銜、銓、限、需、韶、飼、搬
福、華、豪、賓、輔、銘、魂、榜、槐、逢、腐、夢、僕、幕、滅、瑚、
琿
碧、箔、綿、翡、腑、萌、萍、菲、菩、蜜、裴、誨、貌、逢、郝、閤、
閥、陌、頗、飽、鳳、鳴、鼻、愷
綱、魁、逛、廓、愧、管、構、愾、犒、溝、箇、菓、誥、閣、閨、歌
領、寧、通、肇、臺、連、精、對、彰、榔、種、箕、銅、態、兢、菱、
菟、蔔、製、裸、誌、賑、罩、聚、誕、菊、箏、綠、緊、綾、綸、置、
這、逐、透、逗、塼、途、逕、兢、嘉、團、圖、境、獎、奪、嫡、僚、

僥、屨、嶂、郡、嶄、廖、態、溜、溺、滔、瑙、禎、竭、端、箋、
源、爾、瑋、維、嫗、嫣、偽、愿、溫、郢、溢、猿、獄、瑜、瑛、瑗、
聞、與、舞、菀、菸、誘、語、銀、搖、與

一五劃數

增、徹、慶、數、興、賢、賞、賜、陞、前、署、嘻、嬉、寫、審、層、
廠、廚、廝、慚、摧、槽、樞、漆、熟、熱、線、腸、萩、萱、衝、緒、
誰、請、嫺、醉、銳、銷、銹、陝、除、霄、鞋、駟、確、磁、窮、箱、
瞎、豎、輟
範、賦、輝、鋒、慕、標、模、漢、滿、髮、麵、麾、陛、魄、盤、碼、
篇、糊、瞑、餅
賣、輩、部、鋪、罰、劃、嘩、墳、墨、幣、廢、廟、慧、慌、慢、敷、
暴、暮、樊、滸、漫、漂、瑪、緩、編、腹、舖、葆、葡、葫、蝴
寬、廣、慷、概、慣、慨、摑、滾、瑰、葵、課、逵、郭、穀、稿、
進、震、霆、磊、儉、劍、德、節、醇、鋁、陣、駕、駐、諒、論、質、

踐、輪、逮、週、董、葶、蝶、調、諄、談、諍、稻、樂、樓、樟、滴、
漸、滷、漲、稽、著、價、剿、厲、劇、劉、墜、嬌、寮、履、幟、彈、
稷、慮、摘、敵、整、暫、漿、瑯、練、締、蒂、腦、落、翦、鬧、魯、
黎
誼、逸、萬、億、儀、毅、緯、郵、閱、院、鞍、鞍、腰、瑩、葉、葦、
影、慰、漁、熬、憂、樣、歐、演、熠、熨、瑤、緣、頤、養

一六劃數

動、器、學、憲、熹、橋、樹、潛、璁、醒、錩、儒、憧、撮、撤、曉、
樵、橙、橡、澄、潤、潮、燃、熾、璇、篡、蒔、蒐、融、親、諶、諧、
輸、遂、錫、錢、錡、錘、錯、陳、陲、餐、賽、蓉、蒼、錶、蓄
樺、奮、翰、衡、謀、噴、壁、憒、播、撥、撫、撲、橫、澎、潘、磨、
瞞、蒙、諱、諷、辨、陪、霏、默、蒲、蓓、蓋、鋼、窺、糕、膏、龜
龍、疆、霖、導、都、錄、機、燈、璋、雕、臻、賺、靜、駱、蒞、陶、
陵、霓、靜、頻、頭、達、錦、錠、陸、諾、諫、豬、賴、蹄、輯、篤、
糖、腿、蒸、諸、諜、諦、儘、壇、憚、憐、戰、撰、撞、整、曆、曈、

瞭、曇、暨、橋、歷、潔、潭、燉、燐、燎、璃、瑾、磚、盧、積、築、
澔
豫、遊、餤、燕、螢、謂、謁、諳、諺、諭、逾、運、遇、陰、餘、鴛、
鴦

一七劃數

澤、總、聰、償、壎、擇、擅、操、澡、燦、燧、瞬、禧、禪、穗、簇、
縮、縱、聲、蔡、襄、謝、謙、遜、鄒、隋、霞、霜、鮮、蔘
鴻、壕、錨、嬪、彌、幫、檜、璜、璞、篷、縫、繁、蓬、韓、蔓、懇、
闊
鍛、鍵、隆、鍍、鍾、隊、隄、階、檢、撿、激、濃、燭、獨、瞭、點、
儡、勵、嶺、擂、擋、擔、據、鞠、磯、磷、績、聯、臨、艱、斂、蓮、
蔗、蔣、螺、螳、講、遞、輾、鍊、駿、嶽、優、嬰、嶼、應、憶、轅、
擁、澳、營、蔚、輿、遠、遙、陽

一八劃數

礎、適、雙、騎、儲、叢、擦、織、翹、蘇、蕊、蟬、蟲、遭、雜、璨、
簫、繡、鎔、鎖、鎗
翻、蕃、蔽、蕙、豐、檳、濱、濠、獲、璧、環、覆
擱、櫃、隔、壙
題、鎮、禮、職、謹、顓、壘、戴、擬、擠、濟、濤、簡、糧、聶、蕉、
轉、遮
蕓、謳、醫、隘、隕、額、顏、鵝、曜

一九劃數

璿、勸、壐、簽、薛、薪、繫、識、贈、贊、辭、遵、選、遷、鵲、麒、
寵、攀、簿、薄、繪、鵬、龐、擴
鏡、際、障、難、麗、廬、擲、疆、禱、簾、薦、蕾、蘋、薔、襟、譚、
證、轎、遼、鄭、鄰、鄧、類、鯨、麓

韻、穩、薏、薇、蟻、襖、遺、霧、願
薯、薩、藏、壞、懸、曦、犧、瓊、籌、馨、釋、獻

二〇劃數

寶、懷、瀚、還、邁、飄、薲、避
籍、繼、羅、艦、覺、警、鐘、藉、藍、孃、攏、瀝、瀧、騰、黨、齡、
精
嚴、瀛、耀、譯、議、贏、邀

二一劃數

儹、險、續、隨
藩、護、轟、辯、闢、霸、鶴、鐶
顧
儷、攔、鐵、鐲
櫻、藝、藥、譽、鶯

二二劃數

響、攝、權、藻、蘇
歡、蘋、邊、鰻
灌、龔
鑄、疊、籠、聽、蘆、讀、鑑
懿、藹、隱

二三劃故

曬、灑、顯
變
戀、蘭、麟
驛、驗、讌

二四劃數

鑫、矗
罐
靂、靈、隴、釀、讓

鷹

二五劃數

鑲

蠻、釁、酆

觀

鑰

二六劃數

灣

讚

二七劃數

鑽

鑾

二八劃數

鸚、豔、鑿

二九劃數

鬱、㊣驪

九之二、女生取名劃數速見表（有一圓圈者，其字義吉祥如意可優先考慮）

一劃數

一、乙

二劃數

人、入

卜、几

乃、了、刀、力、丁

二、又

三劃數

三、下、上、乞、夕、千、子、寸、小、山、川、巳、叉、才、工、干、

凡、久、己、土、大、丈、女、巾、丸、也、于

四劃數

四、丑、仍、仁、什、切、升、壬、少、心、手、日、欠、氏、水、犬、

兮、仍、尺、戈、壬、尹

木、互、分、匹、化、卞、友、夫、巴、幻、戶、方、木、比、毛、火、

父、仆、公、孔、手

中、丹、井、介、今、內、及、太、天、屯、弔、斗、斤、止、爪、牛、

予

允、元、勿、午、友、尤、尹、引、文、牙、月、云、予、幻

五劃數

且、丘、世、仔、仙、史、巧、市、玄、生、示

丙、北、半、本、平、必、母、民、白、皿

可、甘、禾、刊

主、代、冬、另、加、尼、巨、正、立、旦、以、戊、永、玉、用、由、

幼

六劃數

丞、企、休、先、全、再、向、如、守、字、存、早、曲、次、求、臣、

自、圳、西

合、后、名、回、好、妃、百、份、米、卉、冰
伉、光、共、各
六、交、仲、兆、吉、同、多、年、朱、朵、汀、竹、舟
伊、仰、因、安、有、羽、衣、亦

七劃數

串、伸、似、初、吹、呈、坐、孝、序、形、忍、成、杏、杞、汝、秀、
足
何、伴、佛、別、含、妙、每、牡
更、
住、伽、冷、伶、利、助、君、妗、妞、彤、志、李、良、里、玎、玓
余、吾、吟、吻、忘、我、言、妏

八劃數

佩、和、命、妹、帛、扮、枚、姑、空、果、佳、來、到、卷、周、呢、
妮、定、青、念、投、枝、林、知、的、直、金、玓、味、宜、宛、易、
艾、雨、玗

享、協、其、取、受、奇、尚、欣、沁、幸

九劃數

信、姰、思、性、施、春、星、柔、染、泉、秋、香、芋

厚、品、是、皇、眉、紅、美、虹、風、飛、姵、玫、

冠、柑、癸、看、亮

亭、南、姿、律、度、昭、柚、染、柳、貞、姣、治、俐、玨

威、姻、妍、彥、怡、映、柚、盈、約、音、怜

十劃數

倖、夏、師、恕、扇、時、書、釗、珊、神、笑、紗、純、素、軒、倩、

芩、芹、芮、芯

粉、花、芳、芙、珀、芬、恒

恭、桂、娟、珂

芷、哲、家、庭、恬、指、桃、株、津、烈、珍、玲、真、娜、娘、珈

娥、芸、紋

一一劃數

卿、常、彩、雀、雪、旋、晨、祥、珣、珣、茄
凰、彗、敏、梅、晬、珮、茉、偉、偵
珙、珪、翎、婇、婧、窕、研
梨、珠、晈、笛、涓、眷、珞、苓、寄
問、悅、英、珥、苑、悠、苡

一二劃數

喜、善、情、晴、植、淑、清、淨、琇、茜、順、琁、茹、斯、喬、茶、
超
普、博、媚、惠、棉、畫、筆、畫、筆、媄、寒、富、斐、茗、涵
貴、凱
傑、嵐、琄、景、晶、智、植、棠、淨、鈞、婷、媜、油、琉、理、茱、
淡
雅、雁、雲、茵、雯、荃

一三劃數

新、椿、莘、湘、群、聖、詩、莎、鉛、頌、勤、愉、綉、琛、琤

煌、荷、揮、琥、楣、莓、熾、琲

塘、廉、敬、琱、楠、經、絹、荻、莉、鈴、靖、媜、傳、暖、琢、琳、

稚、解、鈿

琖、煥

圓、園、愛、意、揚、義、鈺、郁、阿、嫆、愉、揚、微、琬、筠、琰、

煒

一四劃數

慈、翠、旗、溪、滋、齊、嫦、瑄、瑞、菊

夢、碧、綿、翡、華、菩、蜜、鳳、萍、福、魂、瑚、菡、琿、暢、榕、

榮

歌、管

嘉、箋、綺、臺、菁、菱、韶、綾、裳、嫩、瑙、菟、對

瑜、維、翡、瑋、瑛、瑗、溫、源、爾、銀、嫣、嫦

一五劃數

線、萱、賞、嫺、嬋、萩、慧、滿、瑪、嬅、葒、慕、葩、儀、葵、瑰、葛

嬌、德、樂、董、蝶、諒、蒂、瑠、葶、影、樣、瑩、瑤、緣、葦、葉、逸

一六劃數

學、曉、橋、璇、潤、熹、蓉、蒔、瑺、嬙、璀、蓀、蒨、璆、儒、樺、霏、蒲、蓓、穎、臻、融、豫、遊、燁、蓋

橘、潔、道、錦、陵、靜、霓、蓁、曇、燕、蓉、螢、鴦、澔

一七劃數

操、禧、霜、霞、蕁、蔯、蓿、穗、蓬、蔓、禪、優、嬪

蓮、鍛、黛、鍊、璘、璟、蔕、蔣、憶

一八劃數

濟、簫、蟬、璨、蕎、蕈、蕊、蕤、環、馥、蕙
蕡
濤、禮、簡、濟、蕑、鵑、璦、璵、蕓

一九劃數

璽、蕭、薔、薌、璿、瓀、薈、蕾、鏡、麗、薇、韻、願、嬿、薏、薆、
璵、薀

二〇劃數

馨、瓊、齡、瓅、藍、懷、飄、薾、寶

二一劃數

隨、露、鶴、瓌、儷、瓏、櫻、藝、鶯、藕、藥

二二劃數

藻、歡、蘋
蘆
懿、瓔、藹

二三劃數

瓘、蘭、戀、讌

二四劃數

靈、靂、靄

二五劃數

靉、酆、鑰、觀、蠻、釁（ㄏㄥˊ）

二六劃數

灣、讚、酈、驥

二七劃數

鑾、鑽

二八劃數

豔、鸚

二九劃數

驪、鬱、爨（ㄘㄨㄢˋ）

三〇劃數

爝

三二劃數

籲

第十篇

補充篇

十、補充篇

1.愛情、婚姻何時到之算法

①求取天運五行之干支，即你出生年之農曆立春的當年之天干地支（查本書八之一農曆立春速得表，馬上得知。）

②以干支之支，對準三合，六合之支（見十之11）之所得支之當年，有結婚的念頭與行動。例如：生肖屬羊，80年次（今年25歲）之干支是辛未。未亥，未卯三合，未午六合，最接近的是去年甲午年（民國103年），即得知紅鸞星動。其次是108年的己亥年，一般，只要大運數不太凶，均會成事。若凶數1～2，又成功運也不佳，失之交臂也是正常的，得速速改名。

又若生肖屬蛇，78年次之干支是己巳。巳酉，巳丑是三合，巳申是六合，則105年（丙申年）、106年（丁酉年），110年（辛丑年）會紅鸞星動，……餘類推。

2.婚姻，對象之個性的匹配選擇：

①一般是以人格對人格加總格對總格，相扶相生則佳，相剋相洩及反剋均不佳。

②更準確的一種是：以雙方之天運五行相扶相生則佳，相剋、相洩或反剋，則免了。

3.交朋反或合夥之過濾：選擇方法，相同於前2之①、2之②。

4.你喜愛的幸運吉數與幸運色及幸運方位：依各人不同的天運五行而不一樣，若天運

五行是：金，7、8、17、18：數，白、黃色，西方。

木，1、2、11、12：數，綠、黑色，東方

水，9、10、19、20：數，黑、白色，北方

火，3、4、13、14：數，紅、綠色，南方

土，5、6、15、16：數，黃、紅色，中區中部中央

①幸運吉數之利用到：樂透之公益投注、汽車機車牌號、電話、球衣號碼、簽約日……

②幸運色之利用到：內、外衣之穿著、鑽戒、床單、愛車……

③幸運方位之利用到：求職、談判、簽合約、買屋住屋方位

5.由人格看出個性：

木（1、2數）：性直。

火（3、4數）：性急。
土（5、6數）：易變。
金（7、8數）：堅定。
水（9、10數）：淡泊

6.改名有效嗎？

當然有效。最快速的感應是：思想正確，突發災難易熄止，有時甚至整個人都改變。加上多佈施多行善，命運會更好。像漢城改為首爾，江玉琴改為龍千玉，洪文昌改為洪一峰，都一鳴驚人。

7.取名、改名之注意：

①一定要知道天運五行，是金、木、水、火、土中的那一個五行？否則吉數再好，祇是碰運氣，並不代表命運真的好。

②**知道了天運五行，要取相生或相扶的豐財數兼有首領數最好**（如16、32、33數），如相剋忌之（不吉），那就取有豐財數（如15、16、24、29、32、33、41、52、67）或首領數（首領一方，活動力強，易帶來財氣多。如3、13、16、21、23、31、32、33、39）中的一個，便能贏在起跑點上。

8.五行生剋所屬病源表：

五行	木剋金		火剋水		土剋木		金剋火		水剋土	
數	1	2	3	4	5	6	7	8	9	10
五臟	膽	肝	小腸	心臟	胃	脾	大腸	肺	膀胱	腎
病源	肝膽	肝臟	心臟 腦眼		肋骨 下腹 子宮		呼吸 器眼 性病		腎臟 下腹 胎病	
	頭	肝	小腸	心	胃	脾	大腸	肺	膀胱 子宮	腎
	膽	項	肩	胸	脇	腸	臍輪	股	脛	腳
	脈	十指	咽	小腦 眼	皮膚	腕脾	肺	呼吸 器病	腎痔	尿道 陰部
	膽	肝	面	心	胸 命門	胃 胸吐	大腦	小腦 頭		膀胱 子宮
	兩手	血管	大腦 齒	舌	背腳	唇兩 腳	肋膜	精血	水氣 便	耳
五管	眉		眼		鼻		顴		口	
病症	頭、膽、脈、兩手肝、項、十指、肝血管		小腸、肩、咽、面、大腦、齒、心、胸、小腦、眼、舌		胃、脇、皮膚、胸、背、命門、腳脾、腸、腕脾、胃、唇、胸、腳		大腸、臍輪、肺、大腦、肋膜、肺、股、呼吸器、鼻、頭、精血		膀胱、子宮、脛痔、水氣、便、腎足、耳、腳、尿道、陰部子宮	
病因	肝臟癌、膽石症、頭痛、肝臟梅毒、疝氣、黃膽		心臟瓣膜病、心炎急性心囊炎、敗血症、急性關節炎、中風性腳氣神經性心氣。		胃腸病、胃酸過多、胃癌症、胃擴張痙攣齒痛、胃潰瘍、健忘症、寸白瘡毒		肋膜炎、肺炎、氣管支炎、喘息肺結核、痔、疝氣、蓄膿症		神經衰弱、腎臟炎、遺精腸滿、淋病、耳病、眼病、腳氣、敗血、近視眼	

9.算命實證驗例：

①閱讀本書，1數至81數裡的詳述，一定要看。就像實証驗例共有七個，即：有12數、14數、20數、21數、33數、36數、41數內各1例。

②103年金鐘影帝李銘順（新加坡籍）。

李生於1971、7、23天運五行是辛亥金，走37～48歲人格之大運13數。流年甲午陽金扶天運金，元神喜事有得。甲午金反剋大運（44歲）13之火，反剋凶數不安，反剋吉數，有突破萬難的勇氣，13象意首領。明年是乙未年，與天運辛亥合，成亥卯未3合中之亥未合木（一般農曆過完中秋節即有隔年味），來生大運之13首領，又扶生21、33首領數，且頒獎日是10月24日，當月干支甲戌月流月五行是火，流日五行是戊辰木，雙雙扶生大運13火，抱走金鐘影帝是應該。

⑬
01 }8
李 7 }21 ∨∨
銘 14 }26
順 12
33 ∨∨

③許淑淨破世界舉中記錄，奪仁川亞運首金。

許生於1991年5月9日，天運五行辛未屬土，對照大運5數（12、24、23、13、35數）有2首領數（23、13）1豐財數（24）。又49～60歲的大運（35）又被天運土來相扶，一生運道之命運盤算是蠻好的（如天運五行屬火則更好）。

今年甲午屬陽金，反剋大運（23歲）之24數火，象意：家門餘慶財源廣進，又有13、23兩首領數，來相扶24數，雙首領加一豐財，拿下台灣首金，且破世界記錄，是台灣之光，亦是她命運盤吉的命運顯示（一金進帳300萬）。更印證了作者本人的証言：取吉名，要有首領兼豐財數，至少，

要有一個。（103.10.30）

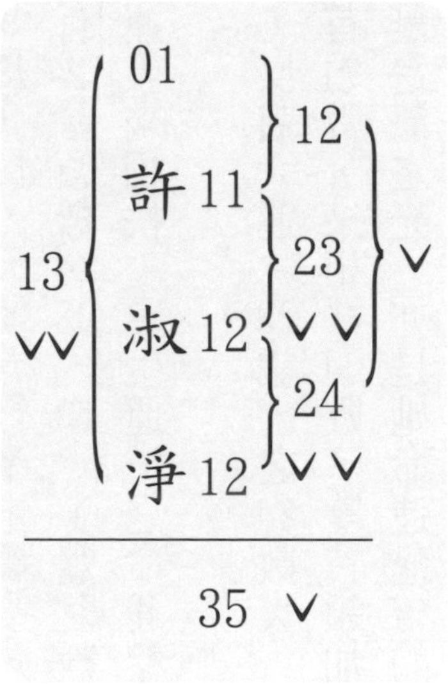

④至此，算命實証驗例共有9例，加陳水扁，1例（見本書一流年運），中華民國1例（本書三之3），余天1例，陳偉殷1例（見本書七之一，B、D）總共13例，還有附贈的中華日報報導實例驗証，可讓你雙正宗，1冊吃到飽且吃到軟腳？個個都會變成姓名之算命高手的——大可不必隨3G、4G吃到飽起舞，實證驗例更多，歡迎參閱本書㈡。

10.王是4劃非5劃。因為我姓王，凶數靈動比許人權（主張5劃者）老師

來得更深。我被取了王〇[14]元，總格共22數，換得了小兒麻痺，並一度想自殺。我自己改了王〇[9]人共15數後，就沒有自殺念頭，其他病弱也沒了。若王是5劃則人格共14數，家屬緣薄象，而我有結婚也生了二個兒子，一切正常，可見王是4劃非5劃。又若王是5劃，則王永慶僅僅有外格16一首領兼豐財數，不可能成為台灣首富。王4劃，多了一個總格24豐財數，才能成就台灣首富。且天格5數屬陽，力道強於天格6數陰（若王是5劃）好幾倍，挾著另一陰土（16數）雙剋陰水20數，而造就了台灣的經營之神地位。

11.六合三合、會用到，把它記起來。

支六合：子丑（土）、亥寅（木）、卯戌（火）、辰酉（金）、巳申（水）、午未（土）

支三合：申子辰（水）、亥卯未（木）、寅午戌（火）、己酉丑（金）

第十一篇

中華日報實例驗證

十一、中華日報實例驗証：

http://www.wbs.url.tw 實例驗證/　　　中華日報95年10月21日報導

名姓命盤顯運術

揭開學生兄弟不同命運の五術

落土時八字命・身亡罪魁壞姓名

人是由肉體與精神（即靈魂）所構成。肉體猶如先天八字，精神就像後天姓名，兩者更像火車鐵軌，必需雙雙健全，不能一高一低，否則一顛一跛，除了一開始便狀況百出外，更難以達到目的地。意即：八字姓名雙雙好，人生發達自是早，八字不好姓名好，至少人生能溫飽；八字姓名均不好，若難劫數身藏刀。

據95.10.3報載，大陸團南投翻車，6死15傷，事故5名大陸人及台灣導遊陳澐璇，均見右。死有死因，死傷歹姓名顯真章。取名，首重豐財數（財能養命），地格外格人格總格不能被天運5行所剋（能生扶最好）外，數理一定要好，且三才大運更要好（否則小人、困難多、不聽長輩的話……），八字有羊刃，血刃星，最好不取劍難、刀傷的8.17.18數……。

像上述（見右）死亡的6人。非三才大運出問題，便是帶有9.10.19的短命數與2.12.22.26的敗家數和32流血數（亦是豐財數，好壞需由天運5行來判斷）取名。亦是一門大學問（了解八字最好），不要亂取給命吞。取好名如同開好運，好老師會避開一切凶數理，且取大運5行均是吉（吉數並非真正吉，而是看不同的各人天運5行之所需才算大吉大利）的好名字。

今年丙戌，明年丁亥，五行均屬土，土制（剋）水，土反剋木，土扶土，姓名命盤有水數得注意車關、身體、失財、錯誤判斷……等，有木數2.12.22.42.62.72注意困境、敗家……等，有土數26.36.45.46.55.56.66.75.76注意糾纏、色災……等。「人生海海瀟灑走一回，勝過鐵齒含恨淚雙垂」該開運、該姓名鑑定、該改名、小孩取名該給好老師取，就得看得開，否則日後有困境、災難意外身亡……才來後悔或是哭天泣地才不該。取名改名開運手面相論命店宅取吉，找王博仕王老師，您真得有福報!!!

（大陸團南投翻車6死者）

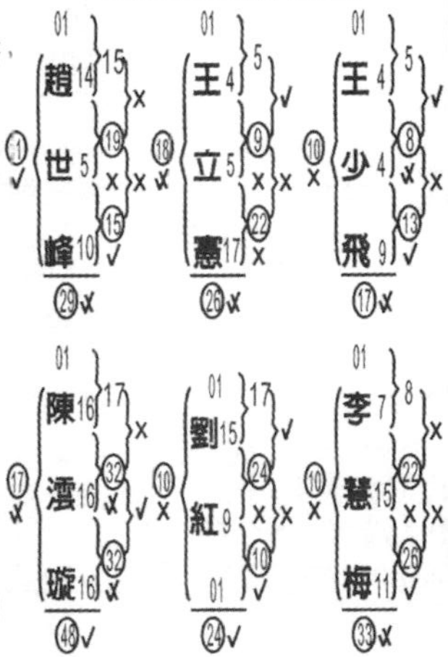

開運聚寶盆、大小羅盤均是寶，真正好

（神準無比的姓名命盤顯運術與開運術招招得宜，讓你人生順利。姓名鑑定吉凶600元，八字生活化13600元學到會並自己開運）

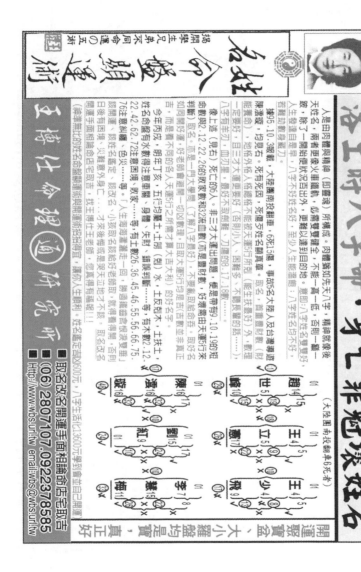

http://www.wbs.url.tw 實例驗證/　　　中華日報94年11月19日報導

陳哲男這下栽了!!!

姓名命盤顯運術

揭開孿生兄弟不同命運の五術

宇宙間有形與無形，都有它的靈動。沒空氣不能活，放屁的臭與能得獎金的第一名...等，都是無形的，但都有它的靈動。既然八字、紫微斗數能算出命運，姓名當然也能算出(以上均是無形的)。好姓名首重財運(養命之泉，有豐財運更好)，好的三才大運與好的數理(先天命盤五行所需)--所謂名好命也好，發達一定早。名好命不好，一生能溫飽。命好名不好，運壞最難保。名命均不好，苦難直到老。

反之，凶名時，常是吉名好運到的相反。現在舉出二、三個月來的新聞人物陳哲男：陳三才大運吉，總格33數為豐財數，難怪一生財運官運佳。60歲前平安無大風浪。進入61歲後，走總格與天格之33數與17數，流年今年乙酉年五行屬陰水，沖33(火)數，反生17(金)，反剋人格26(土)數，怪傑異人艱難纏身之廖添丁數，33之過剛加上17之固執己見，人格8數之過恐誤事數，先前在總統府秘書長任位時，買賣股票、高鐵弊案、賭博、不假出國...等醜事一一浮現，晚節不保。這次，真的栽了！！！(下週論中華民國之國運)

01
陳 16 → 17 ✓
哲 → 26 ×
男 7 → 17 ✓
8 ... 10
33

王博仕命理(通)研究所　■ 姓名鑑定、取好名專門　(06) 2807107　0922378585

(註)95年10月陳哲男被求刑12年，筆者再論中一次。

http://www.wbs.url.tw 實例驗證/　　　　中華日報94年11月26日報導

中華民國國運：多才多災 內外破亂

姓名命盤顯運術
揭開孿生兄弟不同命運の五術

有很多客人讀者來給王博仕以姓名論斷命運，覺得相當神準，嘖嘖稱奇之餘，大多是期望本人是否能透露點「姓名命盤顯運術」的秘訣。或者問有沒有出書?!!...(目前計畫中)。

其實，它很簡單。是以五行(金木水火土)加上干支(10天干與12地支)之生扶剋制，對準數的象意，而造就了「姓名命盤顯運術」之推論，假如能像筆者輔以手相面相，那就更臻完美境地。

中華民國國名好不好？見右之數理(天、人、地、外、總格)19數多才多災，過去有美好的「台灣經驗」奇蹟，但不幸的發生了白色恐怖、228事件，15(外格)數為溫恭(台灣人善良)豐財數(台灣人富有)，16數為首領一方數，且成功運佳。難怪有台灣經驗，台灣人真富有之美稱。

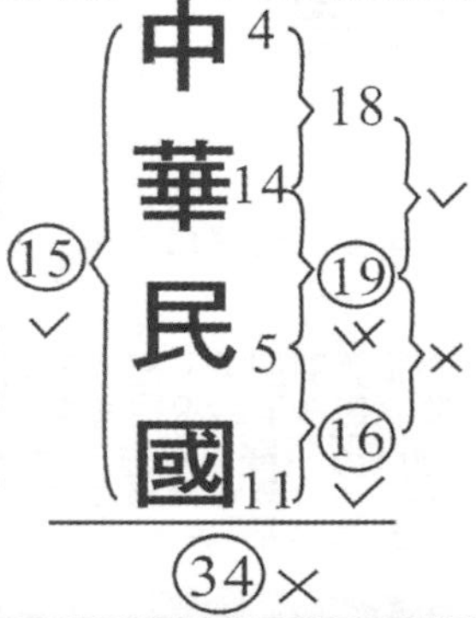

但人格19數之多才多災與總格34數之內外不和。加上基礎運不好，整個國會空轉杯葛，像軍購案久久不能過關，各種預算不如預期。久久不能被多數國承認而加入聯合國... 正是三才大運不佳，加上了凶數理靈動下的應驗。

今年乙酉五行屬陰水(水能覆舟)，在金剋木以下犯上，加上流年行運走34數與19數，被先天五行壬子年建國屬陽木之升與反升(漏也)。又被流年之陰水沖扶下，靈動更甚。除了國會的癱瘓，軍購不能過關，電視媒體反阿扁總統，高捷弊案、風災、水災、搖頭丸之氾濫.....唯一安慰的是台灣的競爭力，進入了全球第4名。

(本週六論恐嚇行政院長的杜十三)。

http://www.wbs.url.tw 實例驗證/　　中華日報94年12月3日報導

杜十三(黃人和)凶變官符象！

姓名命盤顯運術

揭開孿生兄弟不同命運の五術

宇宙間有形與無形都有它的靈動，且數理都有它吉或凶的象意。吉：吉事連連。凶：災難接踵而來(像下週推論的22數之三富商均被綁架...)而造就了三仟多年來，八字與紫微斗數難推論孿生兄弟或姊妹不相同的命運(同一個生辰，得靠手相或面相輔之)之下的「姓名命盤顯運術」的產生--以姓名論斷命運，反而能推論出孿生兄弟姊妹不相同命運的單一五術，因為其名不可能相同，自是有不相同的命運。也因此要求筆者鑑定姓名吉凶的客人好多，甚致「到相報」的更多......。

IQ0蛋？人人忌而遠之，第1名的1數，人人愛之，原來1是太極首領大吉大利數。2.3...到80數吉或凶，且見每週六「名人」推論，各數理的呈現。

黃人和是原名，杜十三是筆名，均見右：13數懷有技藝聰明絕頂，難怪他是名詩人兼作家，但20數為災禍頻臨不安靜數(三歲童腦死且遭虐刺青的傅俊祥亦有此數)。4數為破滅之最大凶兆數(一般電梯沒4樓)，凶變之相。果在今年乙酉陰水年，水沖火(13數，過於自信而誤事)加上基礎運配置不當，而犯下公訴罪恐嚇殺人案(對象行政院長謝長廷)。

原名14數.9數.10數均有刑罰官符象意數，取(筆)名，改名不成功，加上22數秋草逢霜數(下週論及)而犯下了大錯，真是悔不當初。足見命名取名改名的重要性。(下週論同有22數的三富商，林政誠、鄭銘坤、蔡明福均被綁架案)。

(筆名)
01
杜 7 } 8 ∨
十 10 } ⑰ ×
三 3 } ⑬ ∨
④×
⑳×

(原名)
01
黃 12 } 13 ∨
人 2 } ⑭ ×
和 8 } ⑩ ×
⑨×
㉒×

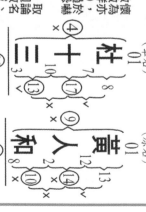

http://www.wbs.url.tw 實例驗證/

中華日報94年12月10日報導

姓名命盤顯運術

揭開孿生兄弟不同命運の五術

8中7 許添財 蘇治芬：笑嘻嘻！

預測。需從無(放棄偏見)到有(堅持己見)，其間自是命理實力的展現，還得視大環境是否轉變，有否買票變天，命盤大運、流年運強勢的超前，民意是否喜新厭舊之變遷，手相(有最好)面相...加上敏銳的觀察力，而成就了一件預測是精準，否則鬱悶往肚裏吞(不準)。

既然用姓名命盤論命運兼預測，就得設法得知候選人幾歲，了解先天五行，這次8中7不能8中8，就是犯了不知道先天五行的生扶剋制之毛病而祇靠流年行運之判斷，殊屬可惜。不過生平31次命中28次，也太可愛，今晚得自己來加菜。

許添財總格33，強勢首領格，今年55歲，先天五行屬陰木，升33(木升火)喜氣洋洋，耐何流年乙酉屬陰水。水沖火，得小心行事有阻力，果然冒出了同是泛綠的錢林慧君(46數)重疊選票與泛藍的陳榮盛(42數)三角之爭。錢陽火升土(46數)可惜象意載寶沉船；陳陰土反剋木(42數)不安，雖有流年陰水之升，可惜象意志堅傷感，斷定許(市長)會驚險過關，連任成功，續造府城光環。

蘇治芬，31數強勢首領象，11成功和順，41博得名利，又受流年陰水之升，喜氣洋洋，大吉大利，斷定勝過許舒博(總格35數，象意權威、首領乏力)。姓名數理吉.凶的象意，冥冥之中操控主宰了我們的命運，由您不得不信--下週6論同有22數的3富商，竟然同被綁架案(已非巧合了)。

(台南市)

錢16 林8 慧15 君7　(46) ×

陳16 榮14 盛12　(42) ×

許11 添12 財10　(33) ✓

(雲林縣)

蘇22 治9 芬10　01　23　(11)　(31)　(19)　(41) ✓

http://www.wbs.url.tw 實例驗證/　　中華日報94年12月17日報導

姓名命盤顯運術

揭開孿生兄弟不同命運の五術

凶數理22：被綁架．紅艷刼 自殺象意．宜速改名

同是論命的八字與紫微斗數，好像是酣睡的，而天天使用天天被叫的姓名是清醒的。所以好或壞數理的靈動，太快太迅速了。

誠如一部車掉落山谷，為什麼得救的人，往往總是姓名命盤格局好的人，而姓名命盤差、凶的人，往往早到荒郊野外聽蟋蟀（死亡的意思）之迅速是一瞬間，後悔已經無法去改變……飛機發生事故，火車出軌出事，九二一大地震……死亡那麼多，總是有劫後餘生幸運者，你有沒有去想過？！！說穿了，是好姓名命盤格局者得好運，反之，肉體成灰，家屬哭天泣地又有何用？！！

所以，早該給他（她）一個好姓名，而且人人需要有一個好姓名。因為吉名時，婚姻事業愛情財運身體家庭……等等一切如意，一生幸福，難得有大風大浪。而凶名（凶數理）時，常是吉名好運道的相反，如婚姻破裂事業無成姻緣不遇財運不順家庭不和諧，讀書人不專心，身體虛弱常病痛或突發性的災難特別多，自殺喪偶刀傷闖禍破壞發狂易流產缺子息短命……等等。這是筆者精通「姓名命盤顯運術」三十餘年來，大略的收集，其他多得不勝枚舉……。

見右，整形界名人林政誠被綁架付出贖金二仟萬，天上聖母鎮瀾宮副董事長鄭銘坤被綁架付出贖金二仟伍佰萬，被綁架台商亦是嘉義富商蔡明福等3人家庭運同是22凶數理，基礎運之凶配置又同出問題，加上客人22凶數理的紅艷劫被拐了不少錢，與筆者改名前的想自殺之念頭有一段時間（改名後即思想正確，不再有輕生念頭），均是地格的22凶數理加上基礎運配置不當下的靈動。

足見命名取名改名的重要性，慎之！慎之！！！（下週論被騙二仟萬與家屬緣薄的白冰冰）

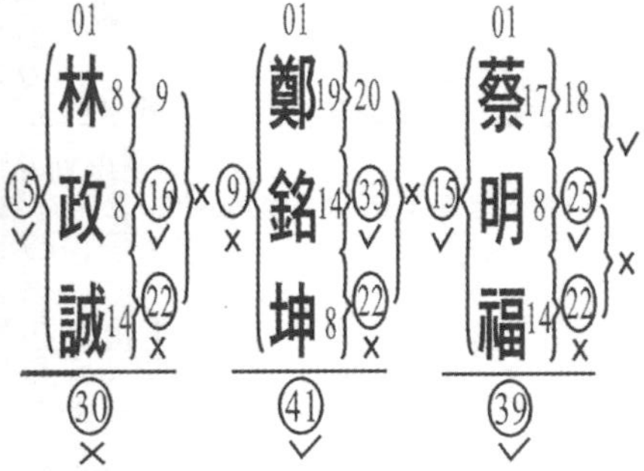

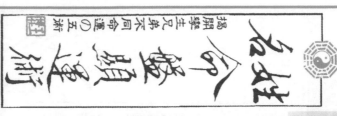

http://www.wbs.url.tw 實例驗證/　　　　中華日報94年12月24日報導

姓名命盤顯運術

揭開孿生兄弟不同命運の五術

再度論中：李幸育難懷孕成功！

詳見94. 10份『姓名命盤顯運術』快報之一萬份夾報單(存有者請快拿出來對照。印刷單位:宏達打字印刷公司)。精準預測再添一次，一個月內9中8，生平32中29，但願台灣人民個個富裕，快樂永久。

預測，不是用猜的，而是靠著姓名命盤各個吉凶數理的象意，加上各人不同的先天五行...等推論而得。

誠如26數之艱難纏身，讓陳哲男栽了筋斗，19數與34數讓中華民國多才多災，內外破亂。杜十三(原名黃人和)之9. 10. 14. 20. 4. 22等凶數理，讓其控制不了的官符，凶兆破滅、秋草逢霜之象意靈動呈現，三富商林政誠、鄭銘坤、蔡明福因家庭運22凶數理之被綁票，3歲童傅俊祥因20數凶數理，遭虐刺青且腦死，...在在顯示:人人需要有一個好姓名，才能趨吉避凶；亦吻合了:相隨心生，心誠則靈，自作孽不可為之五術開運法則。

見右:原文呈現94. 10姓名命盤顯運術快報一萬份李幸育、孫吉祥(被要求遺體取精者)範例內容。(下週論被騙二仟萬與家屬緣薄的白冰冰)

01
李 7 } 8 } ✓
幸 8 } 15 } ✓
育 8 } 16
⑨ ×
㉓ ×

01
孫 10 } 11 } ×
吉 6 } 16 } ✓
祥 11 } 17
⑫ ×
㉗ ×

李外格9數，興盡凶始，配偶難留住易喪失，加上23數，女性帶刀帶箭香閨零落一瞬間。可以斷定懷孕成功機率不高。

p.s 孫精子已在94.12.22銷毀，機率0%。

孫外格12數家庭緣薄，總格27數有難得完壽(變死)象，最怕遇到三才大運配置出問題。果不幸在乙酉陰水年洩家庭運。因12.27的靈動，走完了人生。

王博仕命理(通)研究所

■ 取名改名鑑定論命一級棒

(06) 2807107　0922378585

http://www.wbs.url.tw 實例驗證/　　中華日報94年12月31日報導

開運有效嗎?改名有效嗎?!!

當然有效。就像剖腹生產選吉日吉時與父母不沖不刑，能六合三合甚至三合會，家庭喜事洋洋，帶來好運，否則與父母或自己不合，帶來孬運，人生一開始即輸在起跑點上，感嘆連連。

開運，與擇吉剖腹產同道理是趨吉避凶法。就像颱風要來之前，得趕緊把稻、果收拾好。否則颱風過後一片烏有，損失成事實，才來傷心落淚鬱卒又有何用?!!聰明者總是未雨綢繆，知曉孔子所言:「不知命者不以為君子」。那可他日被笑是懦夫?!!

八字誠如是先天的，而姓名是後天(所取)的，既然姓名的命盤與數理不好，沒有財運、婚姻破滅(或久久不遇)、事業難展宏圖、健康易出問題、常遭小人設計，損財甚至有損命之危險‧‧‧，八字不能改，名字為什麼不趕快把它改?以符合「開運開運，人比較甲順」的趨吉避凶法則而留它再用它幹什麼?!! 祖先或父母取的有紀念性?改名不孝?‧‧‧一旦我們把痛苦、災難‧‧‧讓子孫承擔、被嘲笑，甚者讓他們難翻身(殺死人命多的人其子女易被說東講西而被唾棄)，才來後悔是懦夫大不「孝」? 已經後悔莫及，慢了千百步，徒呼奈何誰幫助?!!‧‧‧

見右：白冰冰因家庭運12凶數理家屬緣薄失去了白曉燕，這次又被騙了二仟萬。林政誠因22凶數理被綁架一次，前陣子又被黑道開槍警告過一次，您說，不好凶數理的名字改或不改比較好?!!(姓名命盤顯運術，每週六本報36版與君見面，歡迎收看並賜予高教)

01
白 5 } 6 ×
冰 6 } ⑪ ✓
冰 6 } ⑫ ×
7 ⑮ ✓
17

01
林 8 } 9 ×
政 8 } ⑯ ✓
誠 14 } ㉒ ×
⑮ ✓
㉚ ×

姓名命盤顯運術

揭開孿生兄弟不同命運の五術

王博仕命理通研究所

■取名改名鑑定論命一級棒
(06) 2807107　0922378585

http://www.wbs.url.tw 實例驗證/

中華日報95年1月14日報導

努力邁向33中30的預測

筆者有信心(見尾段分析)。明晚是民進黨主席補選投票誕生日，亦是筆者研發「姓名命盤顯運術」運用姓名命盤論大運、流年行運與預測的好時機。

「姓名命盤顯運術」跳出了易經姓名學、九宮姓名學、生肖姓名學、熊崎式姓名學、姓名學+八字學與紫微斗數學，在有生年生月沒生日生時下仍能斷準命運走向的學說，真是難得。

相同的姓名，不相同的生年生月，自是有不相同的命運。即使相同的八字生辰，因命名不同，命運也不同。據台灣新聞報民國50年8月22日第3版摘要載：台西鄉富琦村住民陳控之妻陳林箱，一胎產下三男，飛去其二，保住其一，此3位孿生兒命名是：老大陳耕地，老二陳有去(有去無回)，老三陳又飛(又飛掉)，結果老二與老三不幸夭折。同年同月同日同時所生相同的八字，由於後天命名好壞的靈動與字意，產生了不同的命運與行運，更足見命名的重要性。

見右：蔡24年生先天五行屬陰火，剋大運37(金)與18(金)，今年乙酉五行屬水又反生37與18流年無力。翁36年1月生，先天五行屬土，土制水(29)，大運被剋，流年小助。游37年4月生，先天五行屬陽火，反剋40之水，有突破萬難的勇氣，流年水助水(40數與智謀奏功象意的29數)和子辰生年流日三合水，喜事洋洋，3人中流年運最好，加上面相之印堂、目光、嘴巴的笑象...，蔡游二爭一，看好游是當選者。(下週論林義雄是否是2008年台灣的總統?!!歡迎結伴收看)。

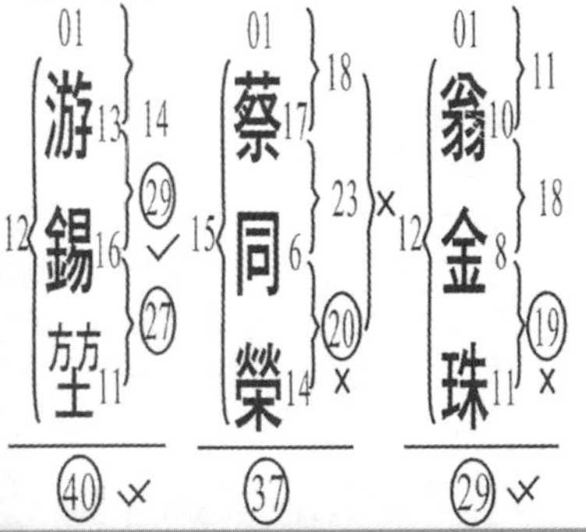

姓名命盤顯運術

揭開孿生兄弟不同命運の五術

http://www.wbs.url.tw 實例驗證/　　中華日報95年2月11日報導

姓名命盤顯運術

揭開孿生兄弟不同命運の五術

開運時代　能開運的命理大師受喜愛

這是千真萬確的。命理師能論命準確，本來就是應該的，但客人流年運不好，不能讓他(她)苦等三、四年，甚而更長。必需想辦法來「開運」，讓他改變身體的磁場(即氣場)，去晦氣換新氣，好如換了新跑道，幫他開啟新的目標，迎向勝利的彼端。如此，顧客自是會終生感激，五術界的先賢後輩更與有榮焉，不能讓他苦等或失敗了，才來「重整旗鼓」你說，不是嗎?!!

筆者得意的「開運」路裏，成功受惠者不計其數‥‥。有改名(字)一天即找到三萬元月薪的工作，3天遇到貴人。改名一天受邀撰寫書籍(均見上期)。改名15天後，即處理好欠道上兄弟一、二佰萬元之事，不再躲避，高興非常。某餐廳取新名後，再將原來的畚箕地改變成甕仔地，廚房改變成朝東位‥‥等，原來改變了七、八次均不易經營的餐廳，重新開幕即高朋滿座笑哈哈。最高興的在郭媽媽淳牛肉麵店裏(筆者取名)，財位上加了開運石(時)來運轉球，讓她一炮而紅，生意好的還清了不少先前被倒去的債務，至今一直感恩筆者。芙蓉沐浴乳，讓筆者次子一個月多，晚上1點還不能入睡，洗了兩次，當晚9點即呼呼大睡。小羅盤讓筆者駕車不再亂想(八字裏有亡神星易幻想)精神非常集中，好高興。最傲人的是筆者朋友與其太太頂嘴半年多，經筆者改其太太名字，加上芙蓉沐浴乳，大、小羅盤的開運，不到一個月，他的太太天天親暱他擁抱他，已經三個多月，讓筆者的朋友直呼太神奇太厲害的「開運」，每遇到筆者就佩服的五體投地，說感激不盡。奇門遁甲方位學，讓考生考上了第一志願，拿五、六隻烤雞再來致謝‥‥多的不勝枚舉。限於篇幅，日後再敘之。(神準無比的姓名命盤顯運術與開運術，每週6在本報36版與君會面，歡迎結伴收看)

天ㄅㄨ、十地ㄅㄨ、，ㄒㄧㄥ、事多幸福，最佳開運物

王博仕命理(通)研究所
■ 取名改名開運手面相等綜合命斷
■ 命理創業：(06) 2807107　0922378585

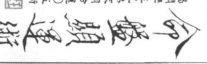

http://www.wbs.url.tw 實例驗證/

中華日報95年2月18日報導

取新名的開運最快·最樂開懷

姓名命盤顯運術

揭開孿生兄弟不同命運の五術

而且錢財好運開始來。像改一次名為郭乃華(熊崎式姓名學認定是好名)但不走運，經筆者以先天命盤五行對準大運五行所需之「姓名命盤顯運術」之論命、命名法，取新名為郭歡滿(見證0982560403)三.五天後就像字義的靈動--人生滿是的歡喜又滿意又滿足--加上芙蓉沐浴乳與五路財神開運香水包的加持，整個面相改變笑嘻嘻，高興又滿足，而且拉近了夫妻間苦澀變為甜蜜的心。再見右:經筆者取名，加入“淳”字後的郭媽媽淳牛肉麵，像淳字的字義靈動:看了流口水(氵)，馬上進入享受或外帶回家享受，結果一炮而紅。筆者為次子取名為王富世，字義是富有一世紀，結果一歲多便長出了長長的法令紋(代表他日事業運好)，後天手相的財運線好的讓筆者嚇了一大跳，去年七歲一鳴驚人，獲得新光人壽舉辦的美術創意獎‥‥(下期再敘)。

名字不好一定要改名，名字好(不需改名)流年運不好，便需「開運」(均見上一.二期真實的見證)。又:李小姐買了小羅盤，便聽不到了午夜恐怖的女哭聲，曾小姐取新名加上芙蓉沐浴乳、小羅盤的加持，原來半夜睡覺，胸口均有無形的東西在壓似的，結果一個禮拜改善了80%，10天後好了，睡得好舒服。遇到筆者，一直對她的朋友說筆者是她的貴人、救命恩人‥‥下期再敘之。

(神準無比的姓名命盤顯運術，每週6在本報36版與君會面，歡迎結伴收看)

郭 15
媽 13
媽 13
(41) ✓
淳 12
牛 4
肉 6
麵 20
(83) ✓

天ㄅㄨˇ十地ㄅㄨˇ，ㄒㄧㄥˋ事多幸福，最佳開運物

http://www.wbs.url.tw 實例驗證/

中華日報95年3月4日報導

免費姓名鑑定．摸財神爺開個運

姓名命盤顯運術

揭開孿生兄弟不同命運の五術

坎坷命運孬換新，一步一腳印，到達成功彼岸天地同慶，能遇上王博仕老師是你三生有幸。「落土時八字命」走1到12歲，13歲開始，幾乎全部走「姓名的命運」與靈動，取名命名不得不小心，以免終生遺憾。翻開報紙，每天所出現的自殺，作案搶奪，色難服毒暴斃，橫死，闖禍或枉死者（見右林珈華挨流彈枉死）與警告逃妻、公司倒閉、事業失敗、淪為強劫……一定脫離不了姓名凶命盤或凶數理。

凶姓名一定要改名（以免有上述…等不好靈動）好姓名流年運不好就得開運，免得日後「重整齊鼓」之累贅。問題是什麼才是好姓名?!!……據筆者30多年來的研究與33中30的高預測，好姓名是：三才大運好、五格數理好、財運不可逢剋洩，三者不能缺一，否則不算好姓名。且筆者更堅持不僅是要有好數理，有正財（或偏財雙有）數，更要有豐財數（財為養命之泉），才是完美的姓名。

像是台灣首對切割的連體嬰張忠仁．張忠義二兄弟各因人格地格的19.12凶數理人格、外格的19.14凶數理在長大成人後，雙雙淪為詐欺案主角，名譽賠掉，夫復何求？！！像是燒炭自殺的心理名醫生陳國華，因人格的27數與被要求遺體取精沒成的孫吉祥少校之總格27數相同，兩者一後一前走上黃泉路，先前如經過改名或開運，命運自是不一樣，不會走上絕路。白米炸彈客楊儒門被判刑五年多，仍因三才大運不佳與外格9之刑罰（官符）數的靈動。另見右：在六樓挨警槍枉死的林珈華，五格數理均好，但三才之基礎運不佳，在流年酉戌害且天運五行陰金反剋陰火不安與流年五行土洩漏火(24數)下，走完了14歲的人生，令人惋惜，令人感覺到好姓名命盤的重要性又多了好幾樁。

（在六樓枉死）

	01		
	林 8	9	✓
15	珈 10	18	×
	華 14	24	
	32		

（神準無比的姓名命盤顯運術與開運術週六見報，歡迎結伴收看、參予命理創業）

天ㄅㄨˇ十地ㄅㄨˇ，ㄒㄧㄥˋ事多幸福，最佳開運物

王博仕命理通研究所

■ 取名改名開運手面相等綜合命斷

■ 命理創業：(06) 2807107 0922378585

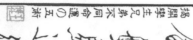

http://www.wbs.url.tw 實例驗證/

中華日報95年3月11日報導

恭賀李安：智略超群藝才成功相伴

李安奪得奧斯卡最佳導演獎，是台灣人之光，更是亞洲人之光（亞洲第一人）。且因李安所導演的「斷背山」這部影片，已獲金球獎、金獅獎、奧斯卡獎…等18大單位所頒發的無數獎項，李安真正是21世紀最亮眼最頂尖的台灣風雲人物之一。

見右：李安生於1954年的台灣，天運５行屬陽金，扶天格地格之陰金（８數）與陽金（７數），顯示少年運及家庭運好。果真有其妻林惠嘉的全力支持。25到36歲走人格13數，象意智略超群，被天運５行金反剋，有突破萬難的勇氣，吸收電影常識導演技術。進入37到48歲，因外格的２數被天運５行金所剋，祇能在流年５行屬水或木之升扶下小有斬獲，故屬於拍片累積期與開透知名度期。進入49歲後，因總格13數的智略超群，藝才成功象意的靈動，終於在今年丙戌年，因生年與流年的午戌三合火扶助了大運的13數而一舉奪下了全世界最耀眼的奧斯卡最佳導演獎。

一個人好或壞的姓名，其實就是你的「命盤」，可以斷定出您一生的命運高低潮之走向，成功或失敗，有錢無錢，婚姻是否美滿？事業是否成功或一蹶不振？愛情何時到？有否小人？有否劫數或意外傷亡，或疾病？貴人…均能一一算準出來。加上王博仕輔以面相跟手相（有時增加八字命盤）以及靈驗非常的開運術，但願是你人生旅程上的一盞光明燈，互相照應互相感染「好空的（台語）」。

李安的13數繼陳水扁總統地格仍是13數後，在全世界奧斯卡獎發光發熱，郭臺銘的人格29數與外格的15數之雙豐財數，繼王永慶之外格16數與總格24數之雙豐財數的之前台灣首富，而躋進了台灣新首富。……

小孩取名，成人改名，找姓名學大師王博仕老師準沒錯！！！

（神準無比的姓名命盤顯運術與開運術週６見報，歡迎結伴收看。免費姓名鑑定，並歡迎命理創業。）

01
李 7 } 8
安 6 } ⑬✓
01 } 7
2
⑬✓

聚寶盆、招財進寶好運到，真正好

姓名命盤顯運術

揭開孿生兄弟不同命運の五術

王博仕命理㊣研究所

■取名改名開運手面相姓名免費鑑定

■命理創業：(06) 2807107 0922378585

http://www.wbs.url.tw 實例驗證/　　中華日報95年3月18日報導

探討台灣五巨富．滿分豐財數

「學歷有用論，一技之長冠群倫：姓名豐財數滿分，蔭子蔭孫還有『春』」筆者與大家共勉之──大環境景氣低迷，卡奴多消費力更低，找不到工作更加可憐兮兮，誰來幫我們、他們恢復生命的活力?!筆者建議：好名字不得時開個運，名字不好馬上改個滿分豐財數，有生命力能賺大錢的好名字。你看!(中央社紐約九日電)富比世雜誌今天公佈的全球七百九十三位身價十億美元以上的巨富當中，有五位台灣人及家族─王永慶(54億美元)、郭台銘(43億美元)、蔡萬才家族(33億)、王雪紅與陳文琦(21億)、林百里(16億)。以上各排名107.147.207.365.486。…

6個人當中，人人均有豐財數理，來一一分析，先見右：王永慶靠著雙豐財數16.24又擠退了郭台銘之29.15雙豐財數，再次成為台灣新首富。蔡萬才人格的32豐財數，王雪紅是人格15總格24雙豐財數，陳文琦為總格33豐財數，林百里地格的13數繼陳水扁總統地格仍是13數與李安人格、總格各是13數(詳見上期李安的詳細分析)而躋進了全球第486名巨富。

(台灣新巨富)

王(4)　永(5)　慶(15)：01、5、9、20、⑯✓、㉔✓

郭(15)　臺(14)　銘(14)：01、16、28、⑮✓、㉙✓、43

以上8人均有豐財數與繁榮幸福成功數，(富有未列出的不計其數…)個個錢財萬貫名聲響天下。再不認同姓名學的人，也要重新思考：「學著認同別人的想法，你會更加有福氣、有財氣」。

您想要擁有很多錢嗎?!!至少事業不失敗，能持續成功嗎?甚至於婚姻幸福、愛情如意嗎?!!至少有個健康的身體嗎?!!……蔭子蔭孫的豐財數嗎?!!……請星期一至星期六，下午1點半到晚上9點，駕臨台南市中西區湖美一街42巷14號，找姓名學大師王博仕老師一談，或許命運從此改觀。但請先電話或手機預約，以防久等。(06)2807107.0922378585

(神準無比的姓名命盤顯運術與開運術週6見報，歡迎結伴收看，免費姓名鑑定，並歡迎命理創業)

聚寶盆，招財進寶好運到，真正好

姓名命盤顯運術

揭開學生兄弟不同命運の五術

王博仕命理通研究所

■取名改名開運手面相姓名免費鑑定

■命理創業：(06) 2807107 0922378585

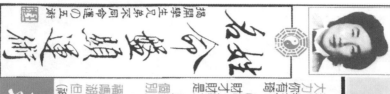

中華日報95年4月1日報導

不要隨便取名，免得命運乖違難行

這不是危言慫聽的話。像是好幾位客人來鑑定，五格數理、三才大運均好。卻是命運被鎖住，氣場低，人抓狂。為什麼?!!「亂取名，沒財運，前途多阻礙，難怪抓狂」好像五格數理均是**1**數。姓名學書本均是大吉大利，但遇到先天大運屬金屬火者，卻一生難有做為，反而淪為拐騙之客或運毒走私，野馬吃險草之徒，因為大運被剋漏難有宏展是也，**21.31**首領格數**41**是豐財數。

2數除了**32**數(見右蔡萬才)與**52**數是豐財數且吉數，餘**2**數均凶數理。尤其**12.22**數凶意更甚(一般難有美好姻緣)，需盡速改名開運。

3數去掉**43.53**餘均吉。**03**名揚四海，**13**繁榮成功(有陳水扁、李安、台灣第五富林百里)**23**首領四方，**33**為豐財數(見右陳文琦)⋯⋯。

4數除**24**數是豐財數吉，餘**4**尾數均不吉。**04**官符(杜十三)**14**紅顏薄命，**34**官祿離丁(前總統李登輝失去一兒子)，**44.54.64.74**均不吉，除非天運**5**行為木或火有小幫助，但趨吉避凶，仍以改名為上策。

5數之**15**為豐財數吉，但天運**5**行屬木不宜取。**75.55.45**一生中有**9**死一生之大災難，如已死去的名歌星鄧麗君總格**45**。**6~10**數請見下期分析。

有讀者看了**95.3.18**之台灣五巨富滿分豐財數全文後說:「落土時八字命」不錯，但一命二運三風水地理。一開始你想要成為巨富或有錢人的心態最重要，否則「適者生存，劣者淘汰」，更何況談什麼開運改名或替兒孫取有豐財數的名字了。再次提醒您:台灣五巨富，滿分豐財數，個個有之。雙豐財數的有王永慶、郭台銘、王雪紅(台灣第4富)。另取名、改名、開運手、面相、姓名合參論命、店宅取吉亦找王博仕老師準沒錯，均能讓你運途是彩色的。

(台灣第4富)
01
陳16 }17
文4 }20
琦13 }17
(33)✓

(台灣第3富)
01
蔡17 }18
萬15 }4 (32)✓
才3 }18
35

(神準無比的姓名命盤顯運術與開運術週6見報，歡迎結伴收看。免費姓名鑑定，並歡迎命理創業。)

開運聚寶盆，招財進寶好運到，真正好

姓名命盤顯運術

揭開孿生兄弟不同命運の五術

http://www.wbs.url.tw 實例驗證/　　　中華日報95年4月5日報導

陳水扁李登輝領袖氣質個性不同

李前總統（見右）人格19數，才智深富於理性，個性坦白不飾，社交（領導）運16數。為豐財數與強烈首領格數，被天運5行水反剋，有突破萬難的勇氣與治國處置能力，且象意：貴人得助，集名望於一身。故執政的12年內，風評不錯，將台灣帶入民主國家。可惜總格34官祿離丁，唯一的兒子離他而去。真的讓人配服先賢五術精奧的流傳。

陳總統（見右）人格20數，才智深膽量較小，沈滯偶動則力大無邊之個性，社交領導運是10數，象意：絕處逢生，困苦乏力。又被天運5行的木所漏洩，雖喊出亮晶晶的制憲台灣國口號，然今年丙戌屬土，明年丁亥年亦屬土年（又遇上以下犯上年），在大運無金之幫助下，可以斷定制憲之路多所阻力，任內難成功。加上總格29數又屬水，20、10、29三個水在一起，水多易漂易逃避，雖將台灣推入更民主國家，卻帶來全民的口水戰，實非他當初所能料想得到。

（續上期）**6**數為06吉人天相，16豐財數首領數（見李登輝），餘均不吉26.36.46.56.66.76，人格26之英雄波瀾數的陳哲男，正艱難纏身中……

7數為07.17.37.47.67吉。天運5行屬火者不宜取。27.57.77不吉，57同45（鄧麗君）一生中遇大難一次，27（孫吉祥少校）。

8數為08.18.38.48.68吉，28家族緣薄，死忠多險。58先苦後甘，但人生短暫，苦仍要收尾，為何一開始不取個全吉的名字?!!

9數為29豐財數，39首領格數（蘇貞昌），但天運5行屬土不宜取。09（官司）19（異常人少之，像李登輝）49.59.69.79均不吉。

10數為10.20.30.40.50.60.70.80“死”意諧音重，短命、多遇困難、官司……精神不易集中。「開運開運人比較順」找王博仕老師準沒錯……

01 李7 登12 輝15 (8, 19, 27; 16 ✓; 34 ✗)

01 陳16 水4 扁9 (17 ✓, 10, 20 ✗, 13 ✓; 29 ✓)

（神準無比的姓名命盤顯運術與開運術週6見報，歡迎結伴收看。免費姓名鑑定，並歡迎命理創業。）

開運聚寶盆，招財進寶好運到，真正好

姓名命盤顯運術

揭開孿生兄弟不同命運の五術

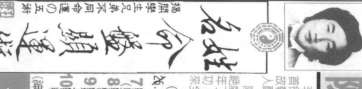

http://www.wbs.url.tw 實例驗證/　　中華日報95年4月29日報導

台灣共和國比中華民國國名吉祥

這是事實。亦是回答讀者來電的詢問之答案。但改國號國名得經全民公投通過。見右：中華民國(詳見筆者於94.11.26本報之專論，或見筆者網址//www.wbs.url.tw/即可知曉)建國於元年(壬子年)十月十日，天運5行屬陽木，反生人格19數（象意：多才多災)剋地格、外格的16數與15數，剋者，多事之秋，虛耗也(軍購案、800億建設費久久不過關、國會空轉……)。助升總格的34數，可惜象意：內外破亂。久久不能加入聯合國，且被全世界國家承認是一個獨立國。加上三才大運不佳，整個國家好像陷入病弱亂離破敗之象裏。

反觀：台灣共和國(見右)，人格32數(首領豐財數)，地格、外格同是25數，象意：英敏福星。總格65數，象意：國運隆昌、富貴長壽。且三才大運又得貴人助。與生了病的中華民國相比，好壞真有天壤之別。如能在今年丙戌(屬陽土)明年丁亥(屬陰土)或者97年98年之戊子、己丑二年均屬火之一扶一生下，全民公投通過，將是台灣二千三佰萬人民與子子孫孫的福氣。

名字不好，改後成功例子多。例如韓國首都漢城改為首爾後，國力、經濟力均向上提升。歌星江玉琴不出名，改名為龍千玉後一砲而紅，歌星洪文昌出唱片好聽卻不出名，改為洪一峯後，家喻戶曉，以老歌擄獲了中老年紀一輩之心幾拾年，且久久不衰……。一切取名改名、開運，找王博仕老師準沒錯!!!

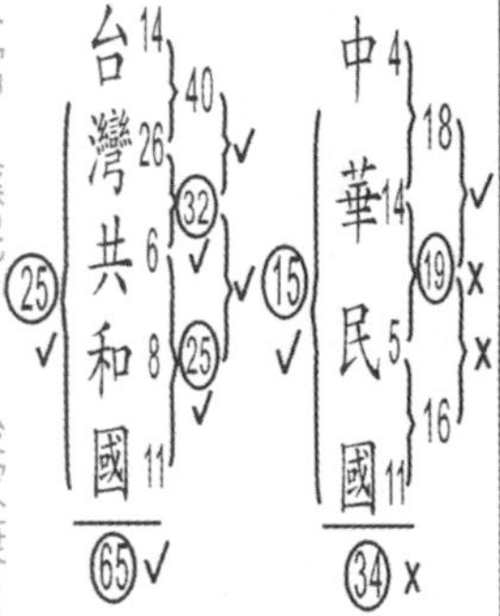

(神準無比的姓名命盤顯運術與開運術週6見報，歡迎結伴收看。免費姓名鑑定，並歡迎命理創業。)

開運聚寶盆，招財進寶好運到，真正好

姓名命盤顯運術

揭開孿生兄弟不同命運の五術

http://www.wbs.url.tw 實例驗證/

中華日報95年5月20日報導

吳淑珍陳水扁伉儷命盤啓示錄

名姓命盤顯運術

揭開孿生兄弟不同命運の五術

取好名字12字訣：「好叫好聽有意思，對你有幫助。」取名，對你命運無幫助，一切空談，再好的名字也沒用。改名，要得老師能先斷準您過去流年的行運與發生何事?如不能，所取出的名字只是空殼名，好玩而已，又像小孩子辦家家酒的遊戲而已---因為不知天運5行是啥?何來得知後天之大運的5行所需加以佈局?!!稍一差錯天.地.人.外格總格，每格走12年運，如被天運5行所剋，再好的數理，其12年會走得相當困苦，數理若是凶數理，則其12年會叫苦連天，完蛋的受不了，甚置身體坎坷、想不開而自殺、離婚、血光之災......。

陳總統(見右)另見筆者網址www.wbs.url.tw媒體報導第17篇。人.外.總格20數、10數、29數三水，水多易漂行事易逃避，被國親二黨罵得臭頭仍無動於衷。10象意陰刃損耗，20紅艷不安，加上基礎運不佳，不幸在2004甲申陽水年沖13數之火，遼起了20數.10數凶數理的靈動，而於3月19日當天挨了一槍(八字流年生年申寅沖，流日生月酉戌害)。

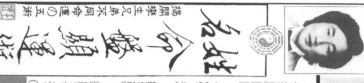

吳淑珍(見右)總格29數與阿扁總格29數雷同，人格19數扶阿扁人格之20數，難怪兩人伉儷情深，讓人稱羨。可惜地格22數秋草逢霜，19數多才多災。不幸發生「政治車禍案件」，如今不良於行且氣不通(19數屬腎臟.腳氣)腸滿疝氣(22數木屬腸)，行動、精神上多折磨。

01		8 ×
吳 7		19 √×
淑 12	11 √	22 ×
珍 10		××
29 √		

01		17 √
陳 16		20
水 4	10 ×	13 √
扁 9		×
29 √		

上週.本週媒體新聞不幸人物：失聰模特兒手語主播王曉書不幸是人格20.總格30。離婚藝人于冠華.方文琳各是人格12總格26和方外格14(家屬緣薄數)。攜幼女投海父活女失蹤的林瑞成不幸人格亦是22數，總格29數被先天五行土所剋。又不幸被刑警列入證人.關係人的鐵道怪客案的李泰安，總格又是22數，.......。八字如同人的身體，姓名如同人的精神，沒有好的八字，一定要有好的姓名。「生產擇日好八字，取名改名人羨慕」。均找王博仕老師準沒錯!!!

(神準無比的姓名命盤顯運術與開運術週6見報，歡迎結伴收看。免費姓名鑑定，並歡迎命理創業。)

天ㄅㄨˇ十地ㄅㄨˇ，ㄒㄧㄥˋ事多幸福，最佳開運物

http://www.wbs.url.tw 實例驗證/　　中華日報95年6月17日報導

胡瓜澎恰恰邱毅内心世界剖析

雖說公衆人物的感情較易合合分分，但是出問題或者離婚的，姓名一定是取的不吉，劃數或其他出了問題。改了名後，思維、精神、命運自是會改觀，且幫八字加分。但八字不好（刑沖破害太多）也得改變八字開運趨吉，今起，開始做一系列的實證與見證之撰寫（得先知道有形與無形均有它的靈動，歡迎免費上網筆者所寫各篇文章，網址見右下。）

坊間雜誌稱：胡瓜、邱毅(見右)均離婚一次，二人外格均是2數，象意：紅艷亂離，胡更有家屬緣薄的14數（剛離婚的藝人方文琳，外格亦是14數）邱有多厄難的27數。胡人格14，内心心酸煩悶，應驗了「被控詐賭案」。邱人格27數，個性愛好權勢好爭強，強情不屈，象意：自我心強，易與人不和，故有立委「罷免邱毅案」。

澎恰恰人格26數，愛好名聲但義俠多怪。象意：艱難纏身，鈎絞凶數（陳哲男人格亦是26數）。故有「自慰光碟案」。又20數是家庭不安數，36數是破浪疊捲數。

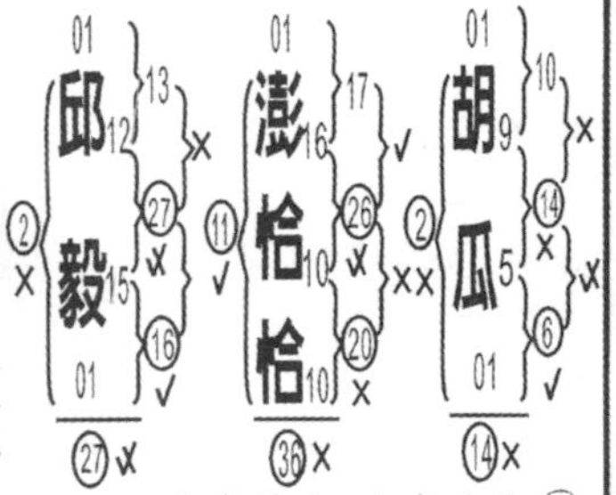

吉辛癸庚　吉辛癸癸（三柱六字）
時卯未戌　時未亥己

八字開運實證見證

唐先生（0925609522）八字三庫，庫刑開（戌未刑破）錢財不順：錢不易留住。掛了二條"辰、乙"字的「奇門遁甲項鍊」，把刑沖開（辰戌冲）。不僅錢多賺，個性内向，人居然動起來。乙庚合，把劫財化掉，人比較不會亂花錢。與辛是我剋為財，存錢"無人知"，好高興。

蕭先生（0935172479）（三柱六字見右下右）戴了二個"卯、戊"的「奇門遁甲戒子」，戊癸合，不再梟印奪食，小人、壓力、災難幾乎不見了，亥卯未三合木局，人緣、夫妻宮緣更好，被日干辛剋是我剋為財，卯屬肝、膽，身體又變強壯，人高興的不得了，見證專線0935172479。

【註】以上純為五術命理探討與陳述，供大家警惕，不言其他或攻擊。

（神準無比的姓名命盤顯運術與開運術週6見報，歡迎結伴收看，並歡迎命理創業。）

開運聚寶盆、大小羅盤均是寶，真正好

姓名命盤顯運術

揭開孿生兄弟不同命運の五術

http://www.wbs.url.tw 實例驗證/

中華日報95年7月15日報導

台灣人民都無事．好名最幫助

「取名取的好，公司興隆不會倒；人名取的好，錢財好運早日到。取名取不好，公司倒閉人落跑；人名取不好，身心一生受煎熬。」王博仕王老師與大家警惕之!!!

大凡宇宙之數理，一定有他好或壞的靈動，時間一到(壞流年一到)，他就會爆發給你看(像1千萬交保求刑8年的趙建銘案)，甚還一發不可收拾，筆者整理出新聞、媒體之報導，大家來警惕警惕。

趙建銘(見右)，生於61年6月，天運5行屬陽木，大運喜木與火，忌土數(剋者，辛苦災難多)，不喜金數(反剋，不安也，像37數)。木剋土(15數)剋者，多事之秋，野馬吃險草型，外格是走37~48歲大運年，趙今年34歲(實歲)，受不了今年丙戌屬陽土年，反生人格23數之火(人格25~36歲之大運)，台開案一發不可收拾，提早交運，又是另一例取名時，不知天運5行之喜、忌(生、扶、剋、制)下取名不吉的靈動。李泰安(見右)總格22數，秋草逢霜，自殺象意。很難從「鐵路怪客案」裏，全身而退。漏報珠寶補報372.5萬的吳淑珍，地格亦是22數，加上人格多災難的19數，筆者看法扁嫂難從SOGO禮券案裏全身而退。司法黃牛府内炒股案，合併求刑12年的陳哲男人格之艱難纏身26數又靈動出來(見94.11.19筆者預測，精準又多一樁，生平共34次中31次，見筆者網址)。又涉販嬰，夫婦聲押的王精明醫師，地格又是22數，總格也是26數，外格9興盡凶始刑罰(官司)數，筆者看至少會判10年以上。以空頭支票詐騙白冰冰(見筆者網址，已有分析)四千萬的傅安祺，地格19，外格14之家屬緣薄(胡瓜、方文琳均有此數)官符數……個個靈動，逃離不了宇宙玄奧數理靈動之手掌中，你相信姓名學了嗎?相信筆者的「姓名命盤顯運術」了嗎?!!「人生海海瀟灑走一回，勝過鐵齒含恨淚雙垂」取名改名擇日生產論命店宅取吉，找王博仕老師，您有福!!!(神準無比的姓名命盤顯運術與開運術週6見報，歡迎結伴收看，並歡迎命理創業。)

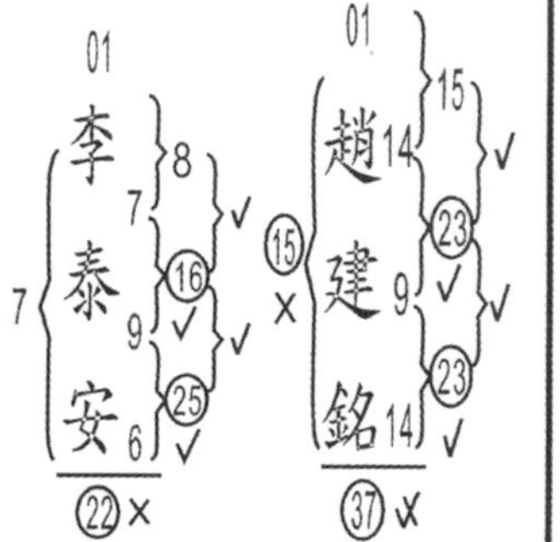

開運聚寶盆、大小羅盤均是寶，真正好

姓名命盤顯運術

揭開孿生兄弟不同命運の五術

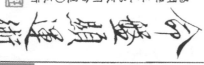

http://www.wbs.url.tw 實例驗證/

中華日報95年7月22日報導

名姓命盤顯運術

揭開孿生兄弟不同命運の五術

命運難伸多乖違.輸在壞名多是非

開運聚寶盆、大小羅盤均是寶，真正好

『取名取的好，榮景好運直到老；取名取不好，壞運起伏最難深。』避凶趨吉開運潮流的年代，取好名就像住好陽宅、擇日取吉剖腹產求好八字，面相求財開運術…等等的受到人人關注，為了就是圖夢美好的人生與錦繡的未來。

取好名除了要知曉5格的劃數均要好之外，更要知曉天運5行是啥？且知曉5行生扶制剋，才能佈局最佳美好的大運出來。像上期筆者所寫的15數是豐財數，但不適於天運5行屬木的人所需，反而害了他(她)。像台開案趙建銘就是，『野馬吃險草』下的豐財不算豐財，還得吃上官司判刑好幾年。沒改國號為台灣共和國的中華民國，天運5行亦屬木(見筆者網址媒體報導篇之2)沒有喜木、火之好劃數，卻來了多才多災的人格19數(水)與內外破亂的34數(總格屬火)筆者看台灣的政治口水戰，至少會持續到明年中秋。

趙玉柱(見右)被求刑10年，是三才大運(成功運、基礎運)不佳，且19數多才多災，14數家屬緣薄官司數，10數災難、刑罰充滿損耗數，28數家屬緣薄災禍數，印證了『時間一道，壞數理不保』之下的靈動者，又多一位。

簡水綿(見右)36數(澎恰恰總格亦是36)波浪疊捲數，人格22數，秋草逢霜、自殺、挫折、官司象意，吳淑珍 李泰安有之，新瑞都案蘇惠珍 謝生富有之，恐嚇前行政院長謝長廷，筆名杜十三，原名黃人和亦有之；更可怕的是各被綁票一次的台灣三富商名人林政誠、鄭銘坤、蔡明福(見筆者網站有分析)地格均是22數…這麼這麼多的『名人』都因有壞數理而有壞的靈動，妳相信姓名學了嗎？相信筆者的『姓名命盤顯運術』了嗎？！！『人生海海瀟灑走一回，勝過鐵齒含恨淚雙垂』取名改名擇日生產論命店宅取吉，找王博仕老師，您有福！！！

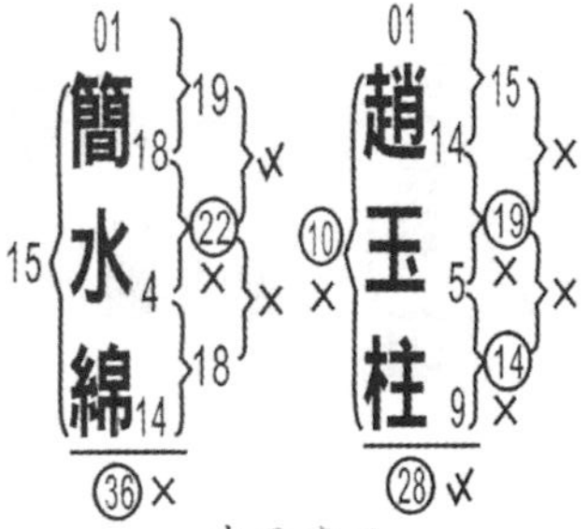

吉己庚壬

時未戌子

(神準無比的姓名命盤顯運術與開運術週6見報，歡迎結伴收看，並歡迎命理創業。)

http://www.wbs.url.tw 實例驗證/　　　　中華日報95年10月7日報導

不幸再論中：哭泣的中華民國

姓名命盤顯運術

揭開孿生兄弟不同命運の五術

論中：中華民國國運，多才多災，內外破亂，見筆者94.11.26本專欄筆者之撰寫，或筆者網址www.wbs.url.tw媒體報導篇之2，同樣詳細。

中華民國（見下右）建國於民國元年十月十日（三柱六字見下下右），雖是高興的大事，然因取名取得劃數不盡如意，見三才大運的象意：表面安定，其實不然的靈動，在去年乙酉年金剋木，以下犯上，國運難安下，呈現國會空轉杯葛，軍購案不能過關，電視媒體反阿扁總統，高捷弊案、風災、水災、搖頭丸之氾濫……（八字走七殺壓力大）。

今年丙戌年，五行屬陽土，大運走總格與人格，土漏（即反生）火（34數）破家亡身，慘淡，陰刃之象意，在全球競爭力首次下跌至10名外，景氣低迷，國會依然空轉，民生法案不過關送審，造成經濟，民生衰退，卡債壓得不能喘息，自殺人數持續增多。而電視媒體依然是政治口水戰，造成失業人口多，人心惶惶得燥鬱症者更多……下，競然施明德撩起了台灣烽火九月天，真得是刺了阿扁總統與中華民國一刀。土制（剋）水(20.10.29.19)與漏火(13.34)倒扁反倒扁下，好像形成了台灣民族內戰的開始……，更吻合了土制水（19數）風雲蔽月，辛苦重來的象意，台灣人（包括我）在內心深處哭泣者何其多……。人，是由肉體（即八字）與精神（即姓名）構成，姓名好，幫助八字加分，國家亦是。國名好，國運自是會好。身為一個五術者，唯一能語重心長呼籲的事便是：快快改國名為國運隆昌、富貴長壽的台灣共和國(見筆者網址媒體報導篇之18）或者更好的國名，能立即止跌回升，去除霉運。取名改名開運手面相論命店宅取吉，找王博仕王老師，您真得有福報!!!

陳(16) 水(4) 扁(9)：01、17 ✓、⑩ X、⑳ X、⑬ ✓、X、㉙ ✓X

中(4) 華(14) 民(5) 國(11)：18 ✓、⑮、⑲ ✓X、⑯ ✓、X、㉞ X

（三柱六字）吉己庚壬／時未戌子

(神準無比的姓名命盤顯運術與開運術週6見報，歡迎結伴收看。免費姓名鑑定，八字生活化13600元學到會。)

開運聚寶盆、大小羅盤均是寶，真正好

王博仕命理通研究所

■ 取名改名開運手面相論命店宅取吉
■ (06) 2807107.0922378585
■ Http://www.wbs.url.tw　email:wbs@wbs.url.tw

http://www.wbs.url.tw 實例驗證/

中華日報95年11月4日報導

姓名劃數帶苦楚，可能苦難一輩子

為什麼車禍身亡的人，總是有短命數、敗家數、流血數的壞姓名（大陸團南投 6 死，見上篇或筆者網址）?!!為什麼出問題的政務官或名人姓名帶有勾絞數(陳哲男的26數)死忠多險數（中信金法務長鄧彥敦人格28數）中途障礙數（中信金財務副總林祥曦人格的19數）困苦多難的不佳三才大運（金管局委員林忠正）……等等?!!

原來姓名的取名出了問題（取好名方法請見前篇或筆者網站）。你看，八旬夫妻照顧腦水腫女兒54年（95-10-15中華日報13版）、偵察２天羈押３年纏訟16年，郭志宏（見下右）殺人案無罪定讞（95-10-25自由時報B1社會焦點版）及總統夫人吳淑珍不幸因政治車禍，下半輩子必需靠輪椅行動之不便，再再顯示：「姓名劃數帶苦楚，可能苦難一輩子」之時間一到，靈動力龍捲風之無情。其中：江金水的太太江林定枝，劃數還好，但因負、負、正，負數多之下，亦仍不幸背了辛苦照顧女兒伍拾多年的十字架。

在此告知全國讀者及子子孫孫，要做人（生小孩）要避免在農曆初一或拾伍之月扁食、月全食和大地震、閃電雷聲大之爆風雨下，行魚水之歡，否則日後出生下的小孩問題多多。不得不注意，在此再提醒一次。

生命誠可貴，自由、好名價更高。有誰願意因取名取不好而有壞靈動力？像上述的被求刑、精神折磨幾拾年之照顧玻璃娃娃、與輪椅為伍半輩子、被冤枉是殺人凶手，纏訟了拾幾年，青春歲月虛耗，人品又被踐踏期間的苦楚、車禍死亡留給父母家人的苦楚…?!! 姓名吉凶鑑定，取好名，王博仕老師有30年的功力，是您的好靠山，亦是您有福報，所能選擇到的好老師。

好消息：王博仕所著作「姓名命盤顯運術」開運書（一），附加一整年，每日財神方、貴人方之農民曆，預定95.11.15出書，每本70元，歡迎週一到週六PM:13:30~21:00至台南市中西區湖美一街42巷14號購買，遠程郵撥購買0367616~6王博仕帳號，統一時間寄出書。謝謝!!

（8旬老翁顧女54年）
01
江 7 } 8 ✓
金 8 } 15 ×
水 4 } 12 ×
⑲ ×

（54年不能動）
01
江 7 } 8 ✓
招 9 } 16 ✓×
玉 5 } ⑭ ×
6
21

（政治車禍靠輪椅）
01
吳 7 } 8 ✓×
淑 12 } ⑲ × ×
珍 10 } ㉒ ×
29 ✓

（羈押3年纏訟16年）
01
郭 15 } 16 ×
志 7 } ㉒ × ×
宏 7 } ⑭ ×
8
29

（神準無比的姓名命盤顯運術與開運術招招得宜，讓你人生順利。姓名吉凶鑑定600元，八字生活化13600元學到會並自己開運）

『姓名命盤顯運術』開始傳授，歡迎報名

姓名命盤顯運術

揭開孿生兄弟不同命運の五術

王博仕命理(通)研究所

■ 取名改名開運手面相論命店宅取吉
■ (06) 2807107.0922378585
■ Http://www.wbs.url.tw email:wbs@wbs.url.tw

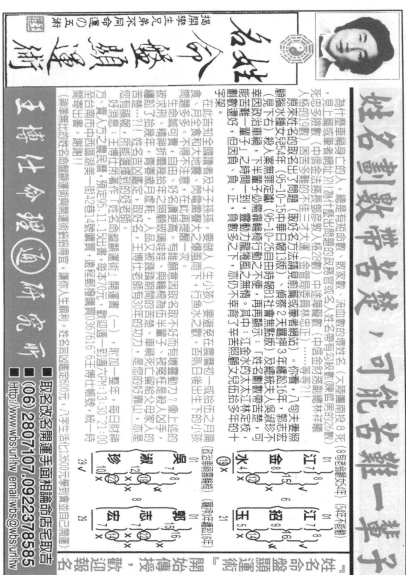

http://www.wbs.url.tw 實例驗證/

中華日報95年11月11日報導

姓名靈動出問題，災難折磨難逃避

姓名命盤顯運術

揭開孿生兄弟不同命運の五術

『姓名命盤顯運術』開始傳授，歡迎報名

好八字難求，好姓名易擁有。相同八字與相同姓名，因生在南極、北極之差，且手相面相也不盡相同，自是命運各不相同。而相同八字不同姓名因而命運亦不同，有時命運卻相差一大截。據台灣新聞報民國五十年八月二十二日第三版摘要載：台西鄉富琦村住民陳控之妻陳林箱，一胎產下了三男，飛去其二保住其一。此三位孿生兒命名是：老大陳耕地，老二陳有去（有去無回），老三陳又飛（又飛掉），結果老二與老三不幸夭亡。同年同月同日同時所生相同的八字，由於後天命名好壞的靈動與字意，產生了不同的命運與行運，更見命名的重要性。

（見右）：你看，前法務部長陳定南剛過往，非死於淋巴癌、膀胱癌……卻死於火(24數)剋金(17數)的金屬肺部的肺癌，你說是巧合嗎？！！其實是劃數五行的靈動。因賭債而逃避國外的撞球國手陳純甄人格的勾絞數26與陳哲男相同，總格40數遭難孤獨數，與梁柏薰相同，梁還有人格之空虛二重災禍不安靜的20數。……，您說，都是巧合？！！其實全是好壞姓名的靈動。「一枝草一點露，一種學問有它的撇步」，人要先知先覺，不要後知後覺"西洛皮"？！！一失足成千古恨，後恨已是傷全身。取名改名開運手面相論命店宅取吉，找王博仕王老師，你真得有福報……。

（監獄服刑中）
01
梁 11
柏 9
薰 20
21 ✓ 20 x 29 ✓ x
40 x

（因賭債逃避國外）
01
陳 16
純 10
甄 14
15 ✓ 17 ✓ 26 x 24 ✓ ✓
40 x

（肺癌折磨過往）
01
陳 16
定 8
南 9
10 x 17 x 24 ✓ 17 ✓ x
33 ✓

好消息：王博仕所著作「姓名命盤顯運術」開運書(一)，附加一整年，每日財神方、貴人方幸運吉數之農民曆，預定95.11.16出書，讓你天天接近財神貴人，大吉大利每本70元，歡迎週一到週六PM:13:30~21:00 至台南市中西區湖美一街42巷14號購買，遠程郵撥購買0367616~6王博仕帳號，統一時間寄出書。謝謝!!

（神準無比的姓名命盤顯運術與開運術招招得宜，讓你人生順利。姓名吉凶鑑定600元，八字生活化13600元學到會並自己開運）

王博仕命理(通)研究所

■ 取名改名開運手面相論命店宅取吉
■ (06) 2807107.0922378585
■ Http://www.wbs.url.tw email:wbs@wbs.url.tw

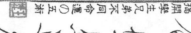

功德券

讓朋友及其子子孫孫，有好名、好運到，你也做了功德一件。

（行善、做功德、改變命運、讓命運更佳---王博仕）

GSM:　　　　　　（自己填）

GSM:098686-1346

功德券

讓朋友及其子子孫孫，有好名、好運到，你也做了功德一件。

（行善、做功德、改變命運、讓命運更佳---王博仕）

GSM:　　　　　　（自己填）

GSM:098686-1346

功德券

讓朋友及其子子孫孫，有好名、好運到，你也做了功德一件。

（行善、做功德、改變命運、讓命運更佳---王博仕）

GSM:　　　　　　（自己填）

GSM:098686-1346

功德券

讓朋友及其子子孫孫，有好名、好運到，你也做了功德一件。

（行善、做功德、改變命運、讓命運更佳---王博仕）

GSM:　　　　　　（自己填）

GSM:098686-1346

功德券

讓朋友及其子子孫孫，有好名、好運到，你也做了功德一件。

（行善、做功德、改變命運、讓命運更佳---王博仕）

GSM:　　　　　　（自己填）

GSM:098686-1346

功德券

讓朋友及其子子孫孫，有好名、好運到，你也做了功德一件。

（行善、做功德、改變命運、讓命運更佳---王博仕）

GSM:　　　　　　（自己填）

GSM:098686-1346

功德券

讓朋友及其子子孫孫，有好名、好運到，你也做了功德一件。

（行善、做功德、改變命運、讓命運更佳---王博仕）

GSM:　　　　　　（自己填）

GSM:098686-1346

功德券

讓朋友及其子子孫孫，有好名、好運到，你也做了功德一件。

（行善、做功德、改變命運、讓命運更佳---王博仕）

GSM:　　　　　　（自己填）

GSM:098686-1346

國家圖書館出版品預行編目資料

雙正宗算命姓名學／王博仕、王艦著.
－－第一版－－臺北市：知青頻道出版；
紅螞蟻圖書發行，2015.4
面　；　公分－－(Easy Quick；143)
ISBN 978-986-5699-58-1（平裝）

1.姓名學

293.3　　　　104005149

Easy Quick 143
雙正宗算命姓名學
作　　者／王博仕、王艦
發 行 人／賴秀珍
總 編 輯／何南輝
校　　對／周英嬌、王博仕
美術構成／Chris' office
出　　版／知青頻道出版有限公司
發　　行／紅螞蟻圖書有限公司
地　　址／台北市內湖區舊宗路二段121巷19號（紅螞蟻資訊大樓）
網　　站／www.e-redant.com
郵撥帳號／1604621-1　紅螞蟻圖書有限公司
電　　話／(02)2795-3656（代表號）
傳　　真／(02)2795-4100
登 記 證／局版北市業字第796號
法律顧問／許晏賓律師
印 刷 廠／卡樂彩色製版印刷有限公司
出版日期／2015年4月　第一版第一刷

定價 300 元　　港幣 100 元

ISBN 978-986-5699-58-1　　　　Printed in Taiwan